Richtungswechsel

C. B.

Richtungswechsel

Glücklichsein ist keine Zauberei

Marion Estermann

Die Deutsche Nationalbibliothek verzeichnet diese Publikation in der Deutschen Nationalbibliografie; detaillierte bibliografische Daten sind im Internet über: https://www.dnb.de abrufbar

Für Fragen und Anregungen:
MomentsByEstermann@gmx.net

Autorin: Marion Estermann
Käthe-Kollwitz-Straße 7
38855 Wernigerode

Umschlaggestaltung: Coverdesigner Bookmundo

Druck/Vertrieb:

Bookmundo, ein Service von Mijnbestseller Nederland B.V. | Delftestraat 33 | 3013AE Rotterdam

ISBN: 9789403666280

Inhaltsverzeichnis

Vorwort

Nehmen dir Sorgen und Ängste die Luft zum Atmen?
Wird die Last der auferlegten Erwartungen auf deinen Schultern unerträglich?
Wird die Sehnsucht nach mehr Leichtigkeit im Leben täglich größer?

Dann ist es Zeit für deinen Richtungswechsel!

Ich danke dir von Herzen,
dass Du mein Buch als Unterstützung dafür erworben hast.
Damit hast Du dir einen Freund erstanden,
der dir auf dem Weg in dein leichteres Leben
zur Seite steht.
Ich möchte dein Freund in Momenten sein,
in denen Du nur einen kleinen Schubs in die richtige Richtung brauchst.
Du wirst erleben,
dass es manchmal ganz wenig braucht,
um viel zu bewirken.
Dein Leben wird eine Neubelebung erfahren.

Dieses Buch soll kein Ratgeber sein.
Eher soll es eine Hilfe, ein Kopf-Schrittmacher sein.
Es will dir helfen, deine Gedanken in eine bessere Richtung zu lenken, die richtigen Impulse zu setzen.
Tauche in deine neue Gedankenwelt ein.

Halte am Ende jedes Kapitels deine eigenen Gedanken fest.
Dabei entsteht dein persönlicher Leitfaden für
dein neues Leben und
Du wirst feststellen:

GLÜCKLICHSEIN IST KEINE ZAUBEREI !!!

♡

Marion Estermann

Eines Tages oder TAG EINS.

Heute ist

TAG EINS für:

____

R wie Richte dich auf

Die zurückliegende Zeit hat dich gezeichnet.
Alles, was dich im Inneren zermürbt,
ist inzwischen auch von außen gut sichtbar.
Deine Schultern hängen…denn die Last darauf
wiegt schwer.
Dein Teint ist blass.
Die Lust, sich zurechtzumachen, ist schon längst
verflogen.
Deine Augen schauen traurig oder verbittert.
In deinem Gesicht spiegeln sich die Schatten der dunklen
Wolken über deinem Kopf.
Doch das kann schon fast niemand mehr sehen.
Denn, den Blick zu anderen Menschen suchst Du schon
lange nicht mehr.
Du wendest dich ab, um nicht mit jemandem reden zu
müssen.
Zu groß ist die Angst, Du könntest deine Tränen nicht
zurückhalten.
Ehrlich?
Hättest Du den Wunsch und den Mut,
einen Menschen in solch einer Verfassung anzusprechen?

Anstatt dich diesem Zustand,
der dich in eine soziale Isolation drängt,
zu ergeben,
wirst DU nun selbst aktiv!
Du sprengst die Ketten, die deinen Geist und Körper
gefangen halten.

Hebe deinen Kopf!
Atme tief ein und fülle deine Lungen mit Sauerstoff.
Breite die Arme aus…
…da geht noch mehr.
Mit jedem Atemzug strömt dein Wunsch nach
Verbesserung bis in die letzte Alveole.
Öffne deine Augen,
deinen Blick und
dein Herz.
Du wirst sehen und fühlen…
…und dich fragen, wie dir all diese Schönheit
so lange Zeit verborgen bleiben konnte.
Wie hinter einer Mauer, konntest Du das Leben nicht
mehr sehen.
Durchbrich die Mauer!
Mach dich frei!
Der Startschuss ist jetzt!

Richtungswechsel einleiten

Getreu den Worten von Marcus Tullius Cicero :
<<Fange nie an, aufzuhören,
höre nie auf, anzufangen.>>
…ist es jederzeit möglich, eingeschlagene Wege zu verlassen, neue Wege zu gehen und sich neu auszurichten …so oft es nötig ist.
Unsere Gesellschaft ist bunt und facettenreich.
Die moderne Welt, wie wir sie kennen, bietet uns umfassende Eindrücke, die täglich auf uns einstürmen.
Selbst in einer Familie sind alle Mitglieder Individuen.
Keiner ist wie der andere.
Sich in der Masse der Vielfalt treu zu bleiben und eigenständig zu sein, ist ein Mammutprojekt.
Wir wünschen uns ein Miteinander, das uns nicht belastet.
Vielmehr streben wir nach Ausgeglichenheit, Akzeptanz und Vertrauen.
Doch fällt es uns schwer, diesen Zustand selbst herbeizuführen.
Wir sind im Glauben, dass unser Gegenüber der mit dem Problem ist.
Wir weigern uns, in uns selbst nach der Ursache zu suchen.

Wer gesteht sich schon selbst gern Fehler ein?
Was sind denn Fehler?
Gibt es sie überhaupt?

Fehler sind nichts anderes als Erfahrungen.
Du triffst eine Entscheidung und erfährst erst dann, ob es zum gewünschten Ergebnis führt.
Allenfalls hast Du eine Erfahrung gesammelt.
Ein Fehler war es dann nicht, oder?
Beim nächsten Mal wirst Du eine andere Entscheidung treffen.
Und auch dann ist nicht gesichert, dass es, wie erhofft, mit Erfolg belohnt wird.
Sich darüber aufzuregen oder bei anderen das Sammeln seiner Erfahrungen zu kritisieren, ist nicht der richtige Weg.
Jeder Mensch sammelt seine eigenen Erkenntnisse.
Stetig ist man der Beurteilung von außen ausgesetzt.
Hab ich es richtig gemacht, oder falsch?
Es gibt sogar Momente, in denen man die Angst vor der Reaktion der anderen körperlich spürt.
Wenn sich der Magen zusammenzieht und die Kehle zuschnürt.
Das ist ein Kampf, der jeden von uns, früher oder später in eine Lage bringt, aus der wir ausbrechen möchten.

Der Umgang mit deinen Höhen und Tiefen hat dich in einen Zustand versetzt, der dir nicht mehr guttut.
Wie oft hast Du dir gewünscht, die Meinung der anderen wären dir egal?
Sollten sie dir egal sein?
Wir werden es nie verhindern können, dass andere Menschen unser Handeln bewerten.
Wir können es aber schaffen, dass ihre Meinung nicht zum Richterhammer über unser Leben wird.
Wir sind sehr gut selbst in der Lage unser Handeln zu bewerten.
Wir wissen genau, was wir uns anders gewünscht hätten.
Jedoch ist der Einfluss auf den Ausgang einer Sache höchstens beim Kuchenbacken gegeben.
Ansonsten können wir nur unseren Beitrag abgeben und hoffen, dass die Kette weiterreichender Entscheidungen zum gewünschten Erfolg führt.
Wir wollen nun lernen, wie wir die Beurteilung von außen nicht mehr in unser Inneres vordringen lassen.
Du möchtest die Stärke entwickeln,
dich unabhängig und frei
zu entscheiden und zu leben.
Du möchtest diese Freiheit für dich und möchtest
im Gegenzug auch deiner Umgebung diese Freiheit zugestehen.
Um das zu erreichen, beginnt die Veränderung bei dir.

Du möchtest den Fokus auf dich lenken.
Du willst dich befreien aus der Schlinge der schweren Gedanken.
Leichtigkeit soll in deinen Kopf einziehen.
Wirf den Ballast negativer Empfindungen und Gedanken ab.
Befreie deine Seele!
Alles auf Anfang.

Das ist die Grundfrage, die von nun an in jedem Moment präsent ist.
<< Was kann ICH SELBST zur Verbesserung meines seelischen Gleichgewichts beitragen? >>

Du musst dich täglich neu dieser Herausforderung stellen.
Manches gelingt leichter als anderes.
Manches wirst Du oft wiederholen müssen.
Lass dich nicht entmutigen und halte immer an deinem Weg fest.
Es wird immer wieder Momente geben, in denen Du in deine alten Gewohnheiten zurückfällst.
Dann bringen dich die neuen Impulse, denen Du mit diesem Buch die Tür geöffnet hast, wieder in die richtige Bahn.
Es werden Tage kommen, an denen es dir unmöglich scheint, positiv zu denken.

Schlag das richtige Kapitel auf und lese noch einmal die Zeilen, die so wertvoll für deine geistige Stärke sind.
Erinnere dich an die vielen Wendungen, die Du schon geschafft hast.
Komm immer wieder zu dir zurück und werde stärker als Du vorher warst.
Dein Weg geht immer weiter.
Dein neues Leben beginnt jetzt.
Und das fühlt sich so gut an!

Um den Richtungswechsel vornehmen zu können,
musst Du in der Lage sein,
dich selbst genau zu analysieren.
Zu hinterfragen, aus welchen Gründen man wie handelt, ist der Schlüssel dazu, was Du ändern musst.
Je genauer Du bezeichnen kannst, warum Du etwas machst, umso besser kannst Du Einfluss darauf nehmen.
Manchmal sind es bestimmte Worte oder Gesten,
die durch eine kleine Anpassung eine neue Richtung bewirken.
Vor dir liegt ein anstrengender Weg, der deinem Kopf einiges an Arbeit abverlangen wird.
Das Wichtigste auf deinem Weg ist jedoch nur eins:
Respekt!
Respektiere in erster Linie dich – in all deinen Stärken und Schwächen.

Und dann respektiere alle anderen – in ihren Stärken und Schwächen.
Erkenne den Reichtum, der uns umgibt und lerne,
daraus deinen neuen Weg leicht und bunt zu gestalten.

PLATZ FÜR DEINE GEDANKEN –

Warum brauchst Du unbedingt diesen Richtungswechsel?

Was möchtest Du ändern?

I wie Ich bin…!

Die ersten Jahre unseres Lebens werden durch Entscheidungen anderer geprägt.
Es sind die Eltern, die Familie, die Kindereinrichtungen usw.
Uns wird gesagt, wie wir uns zu benehmen haben.
Wir bekommen sogar manchmal vorgeschrieben, wie wir zu fühlen haben.
Keiner kommt ohne die *Fremd-Bevormundung* durch die ersten Lebensjahre.
Da fällt es schwer, zu begreifen, wer man selbst ist.
Doch, spätestens jetzt, wo Du deinen Richtungswechsel vollziehen willst, ist der Moment gekommen, sich diese eine Frage zu stellen.
<<Wer bin Ich?>>

Werden wir gefragt, was uns besonders auszeichnet, wo unsere Stärken liegen, können wir nicht direkt antworten.
Es fällt uns schwer, Positives über uns laut zu sagen.
Negative Eigenschaften zu benennen, fällt uns dagegen leicht.
Diese Zeiten sollen ab heute der Vergangenheit angehören.

Du hast jeden Grund, positive Charakterzüge in den Vordergrund zu stellen.
Dein Wertgefühl beginnt zuerst bei dir selbst.
Sei stolz auf deine Fähigkeiten.
Nimm jede Belobigung von anderen an, ohne mit weniger Gutem dagegen zu halten.

Platz für Deine Gedanken –
Was zeichnet dich aus?

Informationen

Wichtige Informationen nicht zu kennen, ist der Hauptgrund für unnötige Aufregung.
Hattest Du in der Vergangenheit diese Art Gespräche, wo irgendwann der Satz fiel:
<<Das hast Du mir ja noch nicht gesagt. Woher soll ich denn das wissen?>>

Beispiel:
Part A und Part B hatten ein Gespräch.
Zwischen dem vergangenen und dem jetzigen Treffen liegt einige Zeit.
Part A hat in der Zwischenzeit neue Kenntnisse erhalten und möglicherweise andere Schlüsse zum ersten Standpunkt gezogen.
Er versäumt es aber, Part B davon in Kenntnis zu setzen.
Part A setzt nun voraus, dass Part B in der Lage sein müsste, die Zwischenzeit aufzuholen.
Die Gefühle beider Parteien geraten durch den unterschiedlichen Informationsstand in eine Schieflage.
Part B fühlt sich überfahren... Part A fühlt sich unverstanden.
Das Gespräch gerät aus der Bahn und es kann sogar zu einem Streit führen.

Jemanden in seine Gedanken hinein zu holen,
denselben Informationsstand zu haben,
ist die wichtigste Voraussetzung,
um Gespräche in einem Gleichgewicht zu halten.
Nur, wenn dein Gesprächspartner in der Lage ist,
dir zur folgen, können unliebsame
Auseinandersetzungen vermieden werden.
Kann ein Gespräch nicht direkt beendet werden,
sondern wird nach einer Unterbrechung fortgeführt,
müssen beide Parteien ihren Kenntnisstand abgleichen.
<<Wo waren wir stehen geblieben?>>
Will man ganz sicher gehen, könnte man erfragen,
ob es in der Zwischenzeit neue Informationen dazu gab.
Gehst Du also in ein Gespräch mit Fortsetzung und
Du bemerkst, dass sich der Tenor zu davor geändert hat,
ist es höchstwahrscheinlich,
dass sich der Informationsstand unterscheidet.
Diesen Unterschied aufzuholen,
ist wertvolle Arbeit,
die sich in jedem Fall lohnt.

Neben dem gleichen Kenntnisstand beider
Gesprächspartner ist die momentane Gefühlslage des
Einzelnen mit dem Erfolg oder Misserfolg eines
Gespräches verknüpft.
Fühlst Du dich gerade nicht gut, bist Du aufgeregt oder
gar zornig...
…empfindest Du den Inhalt einer Aussage anders,
als wärst Du glücklich und zufrieden.
Vielleicht erinnerst Du dich an ein Gespräch,
wo Du eine Information
in den falschen Hals
bekommen hast.
Einen Moment danach, als es dir besser ging,
klang dasselbe Gesagte nicht mehr so wie vorher und
deine Entscheidung wäre eine andere gewesen.
Jetzt wünschst Du dir, Du hättest dir ein paar Sekunden
gegönnt, bevor Du vielleicht die Fassung verloren hast.
Mit deinem Richtungswechsel wirst Du,
in immer mehr Gesprächen, in der Lage sein,
den Fokus auf den Moment zu lenken.

Beispiel:
Du hast dich auf einen schönen Stadtbummel gefreut.
Die Fahrt mit dem Auto dorthin hat dich schon einige
Nerven gekostet.
Kein Parkplatz, Du musstest ewig weit laufen.

Im Kaufhaus hast Du ein super Teil gesehen, das dir vor deiner Nase eine andere wegschnappt, wo Du gerade danach greifen wolltest.
Auf der Suche nach etwas ähnlichem vergisst Du die Zeit.
Zurück am Auto steckt, war ja klar, ein Ticket unter dem Scheibenwischer.
Und als ob das noch nicht reichen würde, hat ein anderer Autofahrer eine Delle in dein Auto gefahren und ist abgehauen.
Du musst die Polizei rufen.
Dein Tag ist versaut.
Du bist stinksauer.
Du konntest nichts Schönes kaufen und hast nichts erreicht, außer Ärger.
Als Du dann endlich zu Hause bist, klingelt, schon beim Tür öffnen, das Telefon.
Schnell dorthin gesprungen ist deine Schwester am Telefon und fragt, ob Du sie im strömenden Regen vom Bahnhof abholen kannst.
Deine eigene Stimmung antwortet:
<<Oh nee, nimm dir ein Taxi. Ich bin doch nicht der Chauffeur für alle.>>
Direkt nach dem Auflegen kommt dein Mann aus dem Zimmer, sieht wie aufgewühlt Du bist und nimmt dich in den Arm.

Erst widerwillig, aber dann doch gerade richtig, spürst Du, wie die Aufregung sich legt.
Ein paar Atemzüge später, erkennst Du, dass Du deine Schwester ungerecht für die Situation zuvor bestraft hast.
Würde sie jetzt anrufen, wärst Du entspannter und würdest antworten: <<Klar, Schwesterherz.>>

Sich kurz die Zeit für eine Entscheidung zu nehmen,
und in seine Gefühlswelt zu lauschen,
verhindert Konflikte, die zu Verletzungen unbeteiligter Personen führen würde.

Für dein neues Leben bedeutet das:
Ist der Moment für ein Gespräch,
das deine ungehinderte Aufmerksamkeit erfordert,
jetzt nicht optimal,
weil Du gerade traurig oder abgelenkt bist,
verschiebe es.
Bleibt keine Zeit für Aufschiebung,
nimm dir einen Moment und frage dich,
welche Entscheidung deine Stimmungslage bestimmt.
Kurz durchgeatmet, triffst Du andere Entscheidungen.
Damit kommst Du nicht mehr in Situationen, die dir hinterher leidtun müssen.

PLATZ FÜR DEINE GEDANKEN –

Welche Entscheidungen konntest Du mithilfe dieses Kapitels anders lenken?

C wie Chancen sehen

John D. Rockefeller sagte:
<<Ich habe immer versucht,
jede Katastrophe in eine Chance zu verwandeln.>>

Weise Worte.
Jedes Jahr hat dreihundertfünfundsechzig Tage.
Jeder Tag hat vierundzwanzig Stunden.
Mit jedem Weckerklingeln hast Du in
eintausendvierhundertvierzig Minuten die Möglichkeit
glücklich zu sein.
Du schmiedest Pläne und stürzt dich hinein.
Doch dann läuft es nicht wie geplant.
Die Pläne dahin, bist Du am Schimpfen und Ärgern.
Du spürst, wie Groll in dir aufsteigt.
Dein Körper drückt in hohem Blutdruck,
Kopfschmerz und zitternden Händen,
deinen Frust über diese Situation aus.
Hilft es?
Ich bin sicher, deine Antwort lautet:
<<Nein.>>
Da Du einen Richtungswechsel vollziehen willst,
schauen wir, wie Du ab jetzt mit ungeplanten und
unschönen Situationen umgehen kannst.

Dass, sich Ärgern sogar körperliche Auswirkungen hat, erleben wir alle.

Daher ist es wichtig, den Kopf einzuschalten und dem Ärger keinen Platz zu bieten.

Die Zeit, in der Du wutschnaubend immer wieder die unschöne Situation benennst, kannst Du nutzen, um eine Lösung zu entwickeln.

Richte deinen Fokus auf die Chance, die sich in der neuen Situation bietet.

Ich bin sicher, im Nachhinein findet sich in fast jeder Situation ein Aha-Moment.

Meine Devise ist:

<<Wer weiß, wozu es gut ist.>>

Erinnere dich an Situationen zurück, in denen sich herausstellte, dass es gut war, dass sie nicht zum geplanten Zeitpunkt erfüllt werden konnten.

Du kennst sicher auch Personen, denen eine Um-Entscheidung wohl auch das Leben gerettet haben kann.

Mir ging es oft so, dass ich beim zweiten Versuch, meinen Plan umzusetzen, ein viel besseres Ergebnis erzielen konnte.

Sei es, weil ich neue Informationen einfließen lassen konnte oder der Zeitpunkt dafür später einfach der bessere war.

Beispiel:

Eine Familienfeier erfordert umfangreiche Planungen. Monate zuvor glaubt man, man habe an alles gedacht. In der Corona-Zeit haben wir alle erleben müssen, wie Feierlichkeiten wieder und wieder verschoben werden mussten.
So auch unsere Feier zur Jugendweihe meines Sohnes. Im Jahr nach dem ersten Termin sollte auch der siebzigste Geburtstag meiner Mama gefeiert werden. Über das dreimalige Verschieben des Termins für meinen Sohn konnten wir uns zwar furchtbar aufregen, änderte aber nichts.
Nun war ich gezwungen, mir eine Lösung zu ersinnen, wie ich zwei Feiern, würdevoll für beide, planen kann. Vor dem Eintreten der Corona-Situation hatte ich zwei separate Feiern geplant.
Das hätte dazu geführt, dass einige der Gäste zu beiden Feiern hätten anreisen müssen.
In der Überdenkung der gesamten Feiersituation stellte ich fest, dass alle Gäste sich gegenseitig kennen.
Die Idee einer gemeinsamen Feier stellte für die Geladenen kein Problem dar.
Die Location wurde optisch auf zwei Anlässe ausgerichtet und wurde im Gesamten für alle Beteiligten zu einer richtig runden Geschichte.

Zum Schluss fügten sich die Änderungen und Verschiebungen zu einem besseren Ergebnis als es zuvor gewesen wäre.
Das war eine gute Fügung.

Auch, wenn es uns zu dem Zeitpunkt, wo ein Plan stirbt, nicht bewusst ist, hilft der Gedanke im Hinterkopf, dass es zu etwas gut sein wird.
Du kannst sicher sein, im Nachhinein wirst Du den Vorteil erkennen.

Nach und nach verstehst Du, dass es nicht schlimm ist, wenn Pläne nicht immer direkt und sofort realisiert werden können.
Suche nach Möglichkeiten, dies zu deinem Nutzen zu wandeln.
Ich bin sicher, schon bald ist ein geplatzter Plan für dich nicht der Rede wert und Du machst Platz für einen besseren.

In Momenten, die für dich nichts Positives enthalten, ist es deine Aufgabe, herauszufinden, warum es dennoch positiv werden kann.
Krankheiten ermahnen dich vielleicht zur Ruhe.
Hast Du zu viel Stress, vernachlässigst Du deine Abwehr.
Nun zwingt dich die Krankheit zu der Ruhe, die Du dringend brauchst.

Der Tod ist wohl für jeden von uns die Sache, in der niemand etwas Gutes sehen kann.
Ist er nicht die Erlösung eines Menschen, dann stellt er die unsinnigste Sache, die wir uns vorstellen können, dar.
Aber bringt nicht jeder *unnötige* Todesfall dich dazu, den noch Lebenden mehr Zeit und Aufmerksamkeit zu schenken?
Veranlasst er dich nicht dazu, deine Zeit intensiver zu nutzen und dein Leben nach deinen Wünschen zu gestalten?
Bringt er dich nicht dazu, endlich an der Verwirklichung deiner eigenen Träume zu arbeiten?
Immer, wenn das Licht eines anderen Menschen erlischt, beginnt dein Licht heller zu strahlen.
Denn, in genau diesen Momenten wird uns bewusst - unser Leben ist begrenzt.
Über Dinge nachzudenken, die wir nicht ändern können, verschlingt Zeit, die anders sinnvoller genutzt werden kann.
Es geht darum, jede Möglichkeit zu nutzen, um unser Leben so erfüllend wie möglich zu gestalten.
Dieser Richtungswechsel ist deine Chance.
Du hast dein Leben in die Hand genommen und erlebst jeden Tag intensiv und bewusst.
Damit schaffst Du dir den Frieden, den Du bei deinem Abschied vom Leben empfinden möchtest.
Denn, dann gibt es nichts zu bereuen.

Platz für Deine Gedanken –

Welche Chancen haben sich für dich aus ungeplanten Situationen ergeben?

H wie Humor bewahren

In Situationen, die uns verärgern oder verletzen,
mit Humor zu reagieren, ist wohl eine der schwersten Aufgaben, die Du im Richtungswechsel lösen musst.
Sich seinem Ärger zu ergeben,
wutschnaubend aus dem Zimmer zu rennen,
fliegende Untertassen in den Flur zu schicken oder alles, was dir schon lange gegen den Strich ging, in nur einem Satz rauszuschmettern,
kann befreien.
Doch meistens wünscht man sich die Wunden, die unkontrolliertes Luft machen anrichtet, ungeschehen.

Giovanni Guareschi sagte:
<<Humor ist die Medizin, die am wenigsten kostet und am leichtesten einzunehmen ist.>>
Treffend bezeichnet er Humor als Medizin.
Ein Pflaster für die Seele, das allen Bereichen des Lebens Trost spendet.
Schauen wir uns in unserem Alltag um, begegnen uns viele Dinge, über die wir uns aufregen.
Dadurch änderten wir nichts, außer unseren Blutdruck.
Wäre es dann nicht schöner, die Dinge leichter zu nehmen, mit Humor zu würzen?

Eine Prise Humor hier und da, und das Leben ist leicht.
Wie gestalte ich meinen Alltag humorvoller?

Beispiel:

Im Winter überkommt mich öfter die Sehnsucht, den Geruch von frischgebackenem Kuchen in der Wohnung zu verteilen.
Es gibt nichts Schöneres, als am warmen Ofen vorbeizugehen und durch die Glastür zuzusehen, wie der Kuchen schmackhafte Gestalt annimmt.
Bevor es so weit ist, muss ich natürlich den Teig herstellen.
Frisch geduscht, die Lockenwickler noch im Haar, suche ich das Rezept hervor und stelle die Zutaten bereit.
Als ich den Kanister Mehl öffne, kann ich gerade noch sehen, wie *Oggys* Freunde das Weite suchen.
<<Na, hallo. Was macht denn ihr in meinem Mehl?>>
Kurzerhand nehme ich meine Schüssel und klingele bei meiner lieben Nachbarin.
Mein Anblick, mit aufgedrehten Haaren, entlockt ihr gleich schon mal ein kleines Schmunzeln.
Ohne die Spur von Verärgerung, ist mein erster Satz:
<<In meinem Mehl wohnen welche. Kannst Du mir aushelfen?>>
Ohne Zögern, aber mit einem Kichern, füllt sie mir genügend Mehl in meine Schüssel.

Ein kurzer Wortwechsel, mit lustigen Bemerkungen über mein Aussehen und meine ungebetenen Gäste, beende ich den Besuch bei meiner privaten HO.

Mit Humor ist es mir gelungen, die unvorhergesehene Situation zu entschärfen.
Ich konnte sogar meine Nachbarin mit meiner kleinen Einlage amüsieren.
Und auch mir ging das Kuchenbacken danach noch fröhlicher und leichter von der Hand.

Ich habe nicht aufgegeben.
Ich habe nicht das Problem favorisiert, sondern die Lösung.
Für mich ist nur noch Platz für positiven Umgang mit allem, was mir im Alltag begegnet.
Und das schaffst Du auch!
Achte auf deine Reaktionen!
Nicht alles verlangt nach einer.
Aber, wenn Du reagierst, dann sollte immer auch eine Prise Humor dabei sein!

PLATZ FÜR DEINE GEDANKEN –
In welchen Situationen möchtest Du mit Humor reagieren?

Hör‘ anderen zu

Mitten im Supermarkt erregt ein Pärchen die Aufmerksamkeit anderer Kunden.
Ich bin eine davon.
Ungewollt erlebe ich, wie die Frau ihren Partner runterputzt.
Meine Gedanken darüber bringen mich in eine emotionale Verbundenheit zu dem *armen Mann*.
Unweigerlich ziehe ich Parallelen zu meinem Leben und verspreche mir selbst, dass ich SO mit meinem Mann niemals umgehen möchte.
In Filmen und Serien erkenne ich auch direkt, wenn das Handeln der Akteure nicht meinem Verständnis von respektvollem Miteinander entspricht.
Im Inneren versuche ich, diese Erkenntnis abzuspeichern.
Das Benehmen anderer Menschen ist ein guter Spiegel für unser eigenes Verhalten.
Bei anderen gelingt es uns sehr gut, falsches Handeln zu erkennen.
Umso wichtiger ist es, die eigene Verhaltensweise ständig auf den Prüfstand zu stellen.
Würde dein Vorgehen deiner Beurteilung von außen standhalten?
Also hör‘ anderen zu, schau genau hin und mach es besser.

Platz für Deine Gedanken –

Welche Dinge hast Du für dich besser gemacht, nachdem Du sie bei anderen falsch gehört oder gesehen hast?

T wie Teebeutel-Weisheiten

Die wichtigste Aufgabe in deinem Richtungswechsel ist, dir selbst die nötige Achtsamkeit zu schenken, die Du brauchst.
Was gibt es Schöneres als sich zurückzulehnen und, für sich allein, die Geräusche um sich herum zu hören.
Du kennst alle Geräusche schon?
Mal sehen, ob das so ist.

Geh in die Küche und koche dir einen Tee.
Nimm eine Sorte, die Du besonders magst.
Gieß das kochende Wasser auf und bring das Glas an deinen Wohlfühl-Ort.
Setz dich.
Mit etwas Glück steht auf dem kleinen Zettel an der Schnur ein Spruch geschrieben.
Lies ihn, einmal, zweimal, nochmal…bis die Zieh-Zeit verronnen ist und der Teebeutel herausgenommen werden kann.
Nun lehn dich entspannt zurück.
Schließe die Augen.
Lass den Duft des Tees in deinen Atmungsbereich einfließen.
Nun denke an das Geschriebene auf dem kleinen Etikett.

Was sagt er aus?
Meistens steht in kurzen Worten eine Weisheit geschrieben, die dir helfen kann, zur Ruhe zu finden.
Der Tee bahnt sich nun Schluck um Schluck den Weg in dein Innerstes.
Und nicht nur der setzt Mechanismen in Gang, die dich in die gesuchte Entspannung führen.
Du denkst über die wenigen Worte nach.
Du erkennst wohlmöglich den wahren Sinn dahinter und findest dich nun in einer anderen Stimmung wieder als vor dem Tee.
In meinem Richtungswechsel hatte ich den *Einen* Sinnspruch, der mich auch heute noch begleitet.
Auch heute noch sind diese Worte auf dem kleinen Teebeutel-Etikett fest in meinen Gedanken verankert.
Ich bin sicher, es wird auch in deinem Richtungswechsel eine Teebeutel-Weisheit geben, die dich dann durch dein Leben begleiten wird.
Diese wenigen Minuten der Entspannung, bei einem Glas Tee, hat mehr Auswirkung auf unsere Seele als Du vielleicht glauben magst.
Es geht hier nicht nur um Tee trinken.
Es geht um eine kleine Flucht, eine Auszeit von Hektik und Stress.
Aus jeder dieser kleinen Ruhepausen gehst Du gestärkt und aufgerichtet hervor.
Probiere es jetzt!

Platz für Deine Gedanken –

Welche Teebeutel-Weisheit hat bei dir großen Eindruck hinterlassen?

Träume

Hast Du seit vielen Jahren deine eigenen Wünsche zurückgestellt?
Bist Du schon länger unglücklich darüber, dass deine Träume unerreichbar scheinen?
Dieses Gefühl ist ein Teil deines Prozesses, das dich dazu brachte, dein Leben umzudrehen.
Du fragst dich zu Recht, wann Du endlich dran bist.
Ich kann aus eigener Erfahrung sagen, dass ich in meinem Leben als berufstätige Mutter von drei Kindern, diese Gedanken nur allzu gut nachempfinden kann.
Wie habe ich es geschafft, an meinen Träumen dran zu bleiben?
Es kommt nicht darauf an, dass Du deine Ziele sofort zu einhundert Prozent erreichst.
Vielmehr kommt es darauf an, dass Du deine Fähigkeiten und Talente, wenn auch nur im Kleinen, pflegst und am Leben hältst.
Meine Faszination für *das geschriebene Wort* habe ich in unzähligen Briefen, Glückwunschkarten und anderen Gelegenheiten ausgedrückt.
Somit war es mir vergönnt, meine Leidenschaft, wenn auch nur in kleinen Portionen, auszuleben.
Deshalb war ich nicht weniger glücklich.

Du musst verstehen, dass sich die Prioritäten im Leben von Zeit zu Zeit verschieben.
Du musst daran glauben, dass die Zeit zur Erfüllung deines Traumes kommen wird.

Ist der Moment dann gekommen, kannst Du die kleine Flamme richtig entfachen und zu einem großen Feuer ausbreiten lassen.
Es ist gut, lieber stetig ein wenig an seinen Träumen zu arbeiten und dann durchzustarten, als nichts zu tun und lange Zeit unglücklich zu sein.
Glück in kleinen Raten streichelt deine Seele.

PLATZ FÜR DEINE GEDANKEN –

Welcher Traum soll sich für dich erfüllen?

U wie Unbeschwertheit

Wenn es um die Frage der Unbeschwertheit geht,
muss jeder Erwachsene wohl sagen:
<<Damals war‘s>>
Erinnere dich an deine Kindheit.
Das weiteste Ziel, an das Kinder denken, ist vielleicht der eigene Geburtstag oder Weihnachten.
Sie machen sich keine Sorgen, ob jemandem etwas passieren könnte.
Ist jemand gestorben, nehmen sie die Information auf und gut ist.
Wie sehr wünschcn sich Erwachscnc in dicscn Momenten, sie könnten dies ebenso empfinden.
Als Kinder waren auch wir damit gesegnet.
Mit den Jahren geht uns diese Unbekümmertheit verloren.
Je mehr wir erleben und denken können, umso weiter entfernen wir uns von dem Kind, das wir einst waren.
Ehe wir es richtig bemerkt haben, sind wir belastete Erwachsene, sie sich nichts sehnlicher wünschen,
als wieder ein unbeschwertes Kind zu sein.
Um diese Zeit in das Erwachsenendasein zurückzuholen, bedarf es diesen Richtungswechsel, den Du begonnen hast.

Stell dir nur eine Frage:

<<Kann ich selbst etwas an der Situation ändern?>>

Ist die Antwort NEIN, beginne nicht, dich in die Sache hineinzudenken.

Versuche nicht, für andere Probleme zu lösen.

Die haben ihren eigenen Kopf.

Um sich leichter zu fühlen, dürfen wir uns keine Probleme, die uns nicht betreffen, aufbürden.

Die gesunde Distanz zu Dingen, die sich durch uns nicht ändern lassen, ist zu wahren.

Vieles lässt sich nicht ändern, auch wenn Du dir stundenlang den Kopf zerbrichst und dabei selbst in ein Gefühlschaos kommst.

Die Aussage *sich Sorgen machen* bezeichnet den Umstand perfekt.

Sorgen sind nicht – sie werden gemacht.

Die besten Lehrer dieser Lektion sind unsere lieben Kleinen.

Beobachte und erinnere dich an diese Fähigkeit.

Rufe dir in Momenten, die dich aus der Bahn werfen würden, das Verhalten eines Kindes ins Gedächtnis zurück.

Was würde ein Kind nun tun?

Die Einsicht, dass sich nichts durch Grübeln und Sorgen machen ändern würde, lässt dich unbeschwert und locker bleiben oder werden.

Männer scheinen das Glück zu haben, sich ein Stück Kindheit bewahren zu können.
Wie oft habe ich schon gedacht, sowas können nur Männer.
Mir erscheint das Handeln verrückt und gefährlich.
Doch, sie machen es trotzdem.
Von Schmerzen und Blessuren lassen sie sich nicht abhalten.
Sie stürzen sich wagemutig hinein.
Scheinbar, ohne über Folgen nachzudenken.
Und das machen sie mit so viel Freude, dass man nicht das Gefühl hat, sie würden irgendetwas bereuen.
Für mich steht fest, Männer haben einfach mehr Spaß im Leben.
Leider oft, vielleicht auch deswegen, ein kürzeres.
So ist das Leben.
Nenn es kindliche Naivität oder Wagemut…, wenn es dein Leben nicht bedroht, solltest Du es tun.
Ein wenig Kind in jedem von uns trägt zu einer neuen Leichtigkeit bei.
Hast Du Angst, lass es.
Oder sei mutig und wage es.
Du möchtest das Lied, das gerade in der Kaufhalle zu hören ist, mitsingen?
Sing!

Du möchtest deine Arme ausbreiten und die herrliche Morgenluft tief in dir aufnehmen?
Breite die Arme aus!
Da die meisten von uns nicht in der Lage sind, Blicke und Reaktionen anderer Menschen auszublenden, tu dir den Gefallen und schaue niemanden an.

Fühle dich, als wärst Du ganz allein.

Du kannst sicher sein, jeder, der deine unbeschwerte Lebenslust miterleben darf, wünscht sich insgeheim, er könnte es genauso tun.

Und wer weiß, vielleicht bist Du genau der Lichtblick, der vielen Menschen in diesem Moment ein Lächeln schenkt.
Was gibt es Schöneres?

PLATZ FÜR DEINE GEDANKEN –

Notiere hier Situationen, in denen dir die Erinnerung an dein inneres Kind geholfen hat.

Unterschiede akzeptieren

Kommunikation mit anderen Menschen bietet Zündstoff für heiße Diskussionen.
Ohne es zu wollen, versuchen wir im Gespräch unsere Meinung als die Richtige zu beweisen.
Es geht sogar so weit, dass man ins Streiten kommt.
Was passiert dann mit uns?
Erinnere dich an ein Gespräch, das genauso endete.
Kannst Du noch spüren, was in dir vorging?
Dein Gesprächspartner vertritt eine andere Meinung als Du.
Bereits, während er noch spricht, vergleichst Du das Gehörte mit deiner Meinung.
Je weiter sich seine Meinung von deiner entfernt, kocht es langsam in dir hoch.
Anfangs versuchst Du noch zaghaft, deine Meinung dagegen zu setzen.
Du bist überzeugt, deine Meinung ist die Richtige.
Die Situation schaukelt sich weiter hoch.
Denn, dein Gegenüber möchte nicht von seiner Meinung abrücken.
Wenn jetzt keiner von beiden in der Lage ist, einen Cut zu machen, eskaliert das Gespräch in einem Streit.
Am Ende stürmen beide, fassungslos, dass der andere nicht seine Meinung an meine anpasst, auseinander.

Karl Lagerfeld sagte passend:
<<Persönlichkeit fängt da an,
wo der Vergleich aufhört.>>

Er redet zwar von der Mode, jedoch ist die Unart des Vergleichens ein Monstrum, das sich durch alle unsere Lebensbereiche zieht.

Aufhören zu vergleichen, das ist des Rätsels Lösung.

Anstatt die Meinung der anderen mit der eigenen zu messen, sollten wir die Worte und auch Taten unserer Mitmenschen einfach annehmen.

Das erfordert einiges an Kraft.

Aber warum fällt es uns eigentlich so schwer, andere Meinungen zu akzeptieren?

Von Kindesbeinen an werden wir von anderen Menschen zu Worten und Handlungen *getrieben*.

Ein Kind muss sich so verhalten, dass es unauffällig und gesellschaftsfähig wird.

Wie oft hört ein Kind, dass sein Verhalten gerade nicht richtig ist.

Man versucht, ihm aufzuerlegen, was es gerade zu fühlen hat.

Als Erwachsener bildet man sich ein, bewerten zu können, welche Gefühlslage des Kindes oder eines anderen Erwachsenen gerade angemessen ist.

Mit dieser Auferlegung schafft man Verhaltensmuster
und Menschen, die sich nicht mehr trauen,
echte Gefühle zu leben.
Mit den Jahren setzt das eigene Denken ein.
Wir beginnen, das Beigebrachte mit dem der anderen zu vergleichen und stellen fest, dass ihr Verhalten nicht zu unserem passt.
Unterschiede können so anstrengend sein.
Wir glauben, dass unsere Meinung die bessere ist und versuchen, den anderen in dasselbe Denken und Handeln zu lenken.
Der andere versucht das mit uns aber auch.
Der Konflikt ist da.
Diese Erziehung legen wir nicht mehr ab,
es sei denn, wir entschließen uns dazu.
Und, genau JETZT, fassen wir diesen Entschluss!
Was bedeutet das nun für die Zukunft?
Beobachte genau dein Verhalten und deine Gedanken, wenn Du in ein Gespräch gehst.
Versuche, den Worten deines Gegenüber zu folgen.
Beginne nicht, im Kopf das Gesagte mit deiner Meinung zu vergleichen.
Vermeide es, die Aussagen des anderen mit abwertenden Geräuschen und Gesten klein zu machen.
Damit würdest Du ihm einen Teil deines Respektes wegnehmen.
Das verletzt.

Das wollen wir aber nicht mehr zulassen.
Befürchtest Du, deine Antworten zu vergessen, mache dir Stichpunkte.
Versuche, den Ausführungen aus der Sicht deines Gegenüber zu folgen.
Das bringt dich ihm emotional näher.
Dein Gesprächspartner spürt, dass er deine volle Aufmerksamkeit bekommt und fühlt sich wertgeschätzt.
Bevor Du antwortest, nimm dir ein paar Sekunden.
Versuche, deine Lautstärke gering zu halten.
Dein Gesprächspartner wird sich deinem Verhalten entsprechend anpassen.

Klug geführte Kommunikation verbindet alle Parteien, auch wenn man nicht einer Meinung ist.
Du wirst feststellen, dass sich die Qualität deiner Gespräche ändert.
Du bist in der Lage, andere Ansichten anzunehmen, ohne von deinen eigenen Empfindungen überrollt zu werden.
Es macht dir nichts mehr aus, dass jemand nicht deine Meinung teilt.
Vielleicht bist Du ja sogar in der Lage, die andere Sichtweise zu überdenken und zuzustimmen.
In dem Moment, wo es dir nichts mehr ausmacht, ob der Ausgang des Gespräches einen gemeinsamen Nenner hat, bist Du frei in jeglicher Hinsicht.

Du zählst jedes Wort nur noch als reinen Fakt, ohne zu urteilen, ohne zu bewerten.
Und Du spürst, dass Du dich von nun an vor keinem Gespräch mehr fürchten musst.
Denn nun weißt Du, Du musst nicht so denken wie der andere und umgekehrt.

Zu akzeptieren, dass Menschen unterschiedlich handeln, stellt keine Wertung für unser eigenes Handeln dar.
Es gibt offensichtlich falsches Handeln.
Dazu zählen Straftaten, die anderen Menschen Schaden zufügen.
Das ist falsch.
Dazu kann man sich seine Meinung bilden.
Ein anderer denkt anders darüber?
Das ist sein gutes Recht.
Daraus muss aber kein Kampf über die bessere Meinung entstehen.
Von nun an wirst Du dich bemühen,
Worte und Taten deiner Mitmenschen,
nicht mehr als Provokation für dein eigenes Leben zu betrachten,
sondern als die erlaubte eigene Fähigkeit
zu denken und zu handeln.

PLATZ FÜR DEINE GEDANKEN –

Notiere hier Gespräche, die durch die neue Art der Kommunikation entspannter als früher verliefen!

Unbewusstes bewusst machen

Es gibt Dinge in unserem Leben, die wir nicht beeinflussen können.
Scheinbar gibt es keine Gründe, warum wir uns in den einen Menschen verlieben, aber nicht in den anderen.
Wir können auch nicht beeinflussen, wie wir in Gefahrensituationen reagieren.
Flucht, starr vor Angst oder aktives Eingreifen…wir reagieren, wie unser Geist es bestimmt.
Wir sprechen davon, dass uns das Unterbewusstsein dazu antreibt.
Doch, wie macht es das?
Gibt es die große Macht des Unterbewussten?
Kann es uns machen lassen, was wir gar nicht wollen?
Wie ein Computer seine Informationen durch Eingabe bekommt, sind wir gefüllt mit Wissen, Gefühlen, Eindrücken usw., die uns in irgendeiner Form *angetan* wurden.
Wie Rillen in einer Schallplatte, sind sie zu Erinnerungen geworden, die tief in uns verankert sind.
Wir können zwar nicht bewusst darauf zugreifen,
aber wir haben alles selbst erlebt und gespeichert.
Das Gesammelte macht unser Unterbewusstsein aus.
Oder handeln wir bewusst und wissen es nur nicht?

Bewusst oder unbewusst!
Unsere Aufgabe für das eigene glückliche Leben besteht darin, beide Ebenen miteinander zu verknüpfen.
Versuche, so oft es geht, dein Handeln und Denken, was Du für unbewusst gehalten hast, genau zu hinterfragen.
Woher kommt es, dass ich so reagiert habe?
Das Unbewusste treibt uns zuweilen in Angst und hemmt unser Vorankommen.
Wird es nicht aber eigentlich nur als Entschuldigung für ganz bewusstes Handeln eingesetzt?
Zu sagen:
<<Ich weiß nicht, warum ich das gemacht habe.>>,
lässt eine unschöne Situation schneller vorüberziehen, als sich elendig lange erklären zu müssen.
Aber im Grunde ist doch jegliches Handeln bewusst, oder?
Denk mal an deinen heutigen Tag zurück und ergründe, ob es etwas gab, was Du nicht bewusst getan hast.
Findest Du etwas?
Im Nachhinein betrachtet, kannst Du diese Situation analysieren und erkennen, dass die scheinbar unbewussten Handlungen durchaus bewusst herbeigeführt wurden.
Sei es, weil wir uns in eine bessere Position bringen wollten, oder weil wir eine bestimmte Reaktion hervorrufen wollten.

Beides sind bewusste Überlegungen, die uns vielleicht in dem Moment nicht bewusst waren, aber wie einer Waffe gleich, bewusst eingesetzt worden ist.

Stell dich deinen, in der Tiefe verborgenen Schlingen und befreie dich davon.
Befreie dich aus dem Unbewussten.
Nimm dein Handeln in die eigenen Hände.
Lass dich nicht treiben, schwimme voran.
Dann erlebst Du jeden Moment bewusst.

PLATZ FÜR DEINE GEDANKEN –

Beschreibe hier Momente, in denen Du un/bewusst gehandelt hast!

N wie Nichts muss – alles kann

In unserem täglichen Leben halten wir eine Reihe von auferlegtem MÜSSEN aus.
Wir müssen pünktlich auf Arbeit sein.
Wir müssen pünktlich unsere Rechnungen bezahlen usw.
Wie schaffen wir es, unseren privaten Lebensraum von MÜSSEN zu befreien?
Musst Du jedem Angehörigen deiner Familie zu Weihnachten ein Geschenk machen?
Musst Du zu einem Kinobesuch mitgehen, auch wenn dich der Film null interessiert?
Du hast in jedem Fall die Wahl.
Weihnachten ist so viel mehr als Geschenke.
Und seine Lebenszeit in einem langweiligen Film zu verschwenden, ist nicht Sinn des Lebens.
Die Angst davor, den Erwartungen nicht gerecht zu werden, presst uns in eine Schiene, auf der wir in die Sackgasse unserer eigenen Wünsche fahren.
Wir müssen uns befreien von dem Glauben, dass wir immer alles müssen.
Wir müssen uns unsere eigene Strategie entwickeln, um mit uns im Reinen zu sein und trotzdem auch an andere zu denken.

Platz für Deine Gedanken –

Beschreibe hier Situationen, in denen Du ein *MUSS* zu einem *KANN* gewandelt hast!

Nein sagen

In unzähligen Liedern wird besungen, dass
Sorry, *Entschuldigung* und *tut mir leid*
am schwersten auszusprechen wären.
Hast Du mal gezählt, wie oft Du diese Worte am Tag hörst?
Wie oft sagt man ohne Weiteres mal schnell…
<<Oh, sorry.>>
Ohne darüber nachzudenken, fließen diese Worte aus uns heraus.
Auf eine Bitte mit *Nein* zu antworten, das ist für mich die größte Hürde überhaupt.
Die Ursache für meine Scheu vor dem Nein-Sagen,
liegt sicher in meiner Kindheit.
Diese Erfahrungen ziehen sich bis in mein Erwachsensein.
Ich muss zugeben, mir ist es unheimlich wichtig,
dass mich andere Menschen mögen und mich für einen guten Menschen halten.
Leider führt dieses Bestreben dazu, dass ich Dinge mache, die ich eigentlich lieber nicht machen wollte.
Aber sage ich *Nein*, geht es mir hinterher schlecht.
Also sage ich *Ja*…und ärgere mich darüber.
Das ist der falsche Weg, denke ich mir und kämpfe mit jeder Bitte neu um die Kraft, dagegen anzukommen.

Wie komme ich aus diesem Teufelskreis heraus?
Von dem französischen Schriftsteller Nicolas Chamfort stammen die Worte:
<<Die Fähigkeit, das Wort *Nein* auszusprechen,
ist der erste Schritt zur Freiheit.>>

Seine Worte beschreiben, wie groß der Einfluss dieses kleinen Wortes ist.
Vier Buchstaben, die darüber entscheiden, ob Du Knecht bleibst oder frei sein wirst.
So einfach ist das mit dem Nein - Sagen allerdings nicht.
Jedenfalls für mich.
Also suche ich nach einem Mittelweg, der es mir ermöglicht, oft genug *Nein* sagen zu können, ohne mich dabei schlecht zu fühlen.
Nicht zuletzt sind es die Erfahrungen, die ich mit dem Nein - Sagen sammeln konnte.
Denn, zu meinem Erstaunen habe ich bemerkt,
dass mein Umfeld weniger ein Problem damit hatte als ich.
Mein *Nein* wurde akzeptiert.
Sie haben es auch ohne mich geschafft.
In meinem Kopf sitzt der Problemmacher.
Es gibt aber auch Tage, wo ich Nein gesagt habe und hinterher fressen mich Selbstzweifel und Schuldgefühle von innen her auf.

Dann bleibt mir keine andere Wahl, als meinem Kopf das Denken zu verbieten.
Ich rede zu ihm:
<<Hör jetzt auf.
Schluss damit.
Ich bin ein guter Mensch, auch wenn ich Nein gesagt habe. Wenn ich nicht da wäre, ginge es ja auch.>>
Mit jedem Satz beruhigt sich mein Magen und mein Herz.
Und siehe da, die Menschen reden dennoch mit mir.
Sie mögen mich immer noch.

Was lernen wir daraus?

Möchtest Du *Nein* sagen, sag nicht *Ja*.
Hast Du doch Ja gesagt, dann wandle es zu einem *Ja* von ganzem Herzen.
Bist Du mit deiner Entscheidung nicht zufrieden, lass nicht den anderen dafür büßen.
Ein *Ja* oder auch ein *Nein* müssen wohlüberlegt gegeben werden.
Denn, alles, was Du tust, sollte nicht gegen deine Überzeugung stattfinden.
So haben alle Parteien zu einhundert Prozent einen echten Menschen vor sich.
Mehr geht nicht.

PLATZ FÜR DEINE GEDANKEN –

In welcher Situationen konntest Du ehrlich Nein statt halbherzig Ja sagen?

Nachdenken

Über den Sinn oder Unsinn von etwas nachzudenken, kann dich den ganzen Tag beschäftigen, ohne dass Du dabei zu einem Ergebnis kommst.
Wir möchten versuchen, das Nachdenken einzuschränken.
Meine Uroma sagte immer:
<<Das Denken überlässt man den Pferden. Die haben einen größeren Kopf.>>
Als Kind verstand ich diese Worte nicht so, wie ich sie heute verstehen kann.
Erst jetzt begreife ich, wie weise schon die Generationen vor uns waren.
Was geschieht beim Nachdenken?
Es ist mehr ein Grübeln.
Unser Verstand malt sich in buntesten Farben aus, was er gerade entstehen lässt.
Mit der Realität haben die entstehenden Bilder nichts zu tun.
Und doch erzeugen sie echte Reaktionen in uns.

Die Aussage:
<<…über ungelegte Eier reden…>>
trifft es.

Sich über Dinge den Kopf zu zerbrechen, die noch gar nicht bestehen und sicher auch nicht so kommen,
ist versäumte Lebenszeit, die man besser hätte nutzen können.
Wir müssen lernen, uns nur auf die tatsächlichen Gegebenheiten zu konzentrieren.
Denn, wie abwegig die Vorstellungen auch sind,
erzeugen sie in uns Emotionen, die uns sogar schaden können.

Meistens beschäftigen uns Situationen, aus denen wir gekränkt oder unzufrieden hervorgehen.
Das Ende eines Gespräches lässt dich mit ungutem Gefühl zurück.
Nun beginnst Du darüber nachzudenken.
Zu den Gedanken kommen Gefühle hinzu.
Die Mischung aus Beidem treibt dich um und bringt dich sogar um den Schlaf,
wenn Du es nicht schaffst, aus dem Gedanken-Karussell auszusteigen.
Was genau beschäftigt dich?
Fragst Du dich, warum dein Gegenüber diese Meinung von dir hat?
Fragst Du dich, womit Du das verdient hast?
Manchmal sind es nicht mal die eigenen Ungerechtigkeiten, die uns belasten.

Wie oft ärgerst Du dich über jemanden, der einen Dritten – deiner Meinung nach – nicht korrekt behandelt?

Beispiel:

Der Mann deiner Freundin ist fremdgegangen.
Nach vielen Beteuerungen verzeiht sie ihrem Mann.
Scheinbar ist alles wieder in bester Ordnung bei den beiden.
Jetzt kommen deine Gedanken.
Als hätte der Mann dich betrogen, wetterst Du gegen ihn.
Ihm verzeihen?
Ja, da muss man ja völlig irre sein.
Weiß doch jeder, dass der das wieder macht.
Und dass deine Freundin ihm verzeiht – das ist ja völlig daneben.
Wenn sie ihm verzeiht, bitte.
Du machst das nicht.
Und obwohl ihr vorher einen richtig guten Draht hattet, vermeidest Du nun jeglichen Kontakt mit dem Mann.
Am Ende verbietest Du, dass er zu deiner Feier mitkommen darf.
Nur leider kommt dann deine Freundin auch nicht.
Nach vielen Jahren, die Freundschaft ist komplett zerbrochen, triffst Du beide wieder.
Verheiratet mit einem Kind und glücklich wie nie zuvor.
Es war wirklich nur eine einmalige Geschichte.

An die Freundschaft von zuvor anzuknüpfen, ist unmöglich.
Dein Nachdenken und das Vorausschauen in die Zukunft hat, bei einem Geschehen, das nicht dich persönlich betraf, zum Bruch einer Freundschaft geführt.
Deine Vermutungen und deine Sicht auf die Dinge hat ein Szenario erschaffen, das nicht eingetreten ist.
Dass die Freundschaft zerbrechen kann, hast Du nicht bedacht.

Besser wäre es gewesen, dem Fremdgänger zu sagen, dass man sehr enttäuscht ist.
Sicher muss auch das Vertrauen wieder ein Stück repariert werden.
Die Entscheidung der Freundin hätte nicht zum Aus der Freundschaft geführt, wären die eigenen Gefühle nicht das Sprachrohr gewesen.

Die Trennung zwischen berechtigten Gefühlen und Dingen, die uns *Nichts angehen* ist eine wichtige Hürde, die es zu nehmen gilt.
Wir empfinden die Aussage :
<<Das geht dich nichts an>>
als kränkend.
Wir sind der Meinung, dass es uns zusteht, unsere Meinung dazu zu geben.
Ist das so?

Man sollte sich öfter fragen:
<<Geht es mich etwas an?>>
Diese Worte sind der Schlüssel zur Vermeidung von unerwünschten Folgen.

Was machen wir nun anders?
Bedenke in jeder Situation, ob dein Befinden und deine Gefühle Bestandteil des Geschehens sind.
Ist es ein Problem anderer, setze nicht deine Ansichten und Werte als Maßstab an.
Frage dich, ob Du eine Einmischung und Wertung deiner Entscheidung annehmen würdest.
Spätestens mit dieser Prüfung, ist man schnell in der Lage, sich zurückzunehmen.
Es ist durchaus berechtigt, seine Meinung zu formulieren.
Das sollte allerdings nicht mit der Aufforderung einhergehen, dass dies übernommen werden muss.
Fällt die Entscheidung anders aus, ist das zu akzeptieren.
Wenn der Betroffene kein Problem hat, steht dir nicht zu, seine Entscheidung als falsch zu bewerten oder zu verurteilen.
Bedenke in solchen Situationen, dass dein Eingreifen unter Umständen sogar zu ungewünschten Folgen führen kann.
Du wirst erstaunt sein, wie viele Dinge sich, ohne dein Zutun, regeln.

Platz für Deine Gedanken –
In welchen Situationen konntest Du das Nachdenken/
Einmischen einstellen?

G wie Gefühle

Stell dir vor, dein Körper ist ein Gefäß.
Jegliche Empfindung tröpfelt in dieses Gefäß hinein.
Freude, Aufregung, Stolz, Trauer…
…unaufhörlich steigt der Pegel verschiedenster Gefühle bis zum Rand.
Bei einem Glas hörst Du an einem Punkt auf,
den Krug weiterhin darüber zu leeren.
Gefühle lassen sich jedoch nicht abstellen.
Und so ist ein Moment der *eine* Tropfen, der dich zum Überlaufen bringt.
Es ist dann nicht nur das Gefühl des Moments, das aus deinem *Gefäß* gespült wird.
Es entleert sich auch immer ein Teil der Gefühle,
die schon in dir waren, mit aus.
So spült die Trauer auch ein Teil deines Stolzes, deiner Aufregung und deiner Freude mit aus.
Sicher hast Du dich nach einem Streit oft wertlos und ganz klein gefühlt.
Wenig bleibt von deiner Stärke übrig.
Denn Wut und Traurigkeit haben große Kräfte.
Sie radieren positive Emotionen aus.
Jeder Streit ist aus angestauter negativer Energie entstanden.
Probleme, die nicht ausgesprochen werden.

Störungen , die nicht beseitigt werden.
Wir tragen sie in uns, bis der kleinste Auslöser reicht,
und wir schäumen über.

Was bedeutet das nun für deinen Richtungswechsel?
Gefühle können wir, zu unserem Glück, nicht abstellen.
Sie sind wichtige Steuerelemente, die uns vor
Schlechtem bewahren oder unser Glücksempfinden
steigern.
Durch sie bekommt unser Leben Würze.
Sie machen unsere Erinnerungen aus.
Gefühle bleiben zurück, auch wenn der Moment längst
schon vergessen ist.
Erinnerst Du dich an etwas in deinem Leben zurück,
weißt Du mit Sicherheit auch noch genau,
wie Du dich dabei gefühlt hast.
Worte werden vergessen, Gefühle bleiben.
Da wir glücklicher werden und bleiben wollen,
müssen wir eine Möglichkeit finden,
unseren Körper randvoll mit positiven Empfindungen zu
füllen.
Auf die Art:
<< Die Guten ins Gefäß, die schlechten in den Eimer.>>
Stellen wir uns unseren Körper vor.
Wir möchten uns mit positiven Emotionen füllen.
Das bedeutet, dass wir einen Weg finden müssen,
negative Momente nicht in uns haltbar zu machen.

Wie beim Lotus-Effekt sollen schlechte Gefühle an uns abperlen.
Wir müssen also negative Gefühle direkt ansprechen und beseitigen, damit sie sich erst gar nicht tief in uns breitmachen.
Wenn wir das schaffen, ist eines Tages ein kleines Glücksgefühl der letzte Tropfen,
der dich zum Überlaufen bringt.
Aber, anders als zuvor, bist Du nun randvoll mit positiven Gefühlen.
Dieser letzte Tropfen lässt eine Flut an Glück strömen.
Alles, was nun mit ausgespült wird, ist positive Energie.
Stolz, Freude, Glück und alle anderen positiven Empfindungen sprudeln unaufhörlich aus dir hervor.
Du bist und bleibst, auch nach etwas Traurigkeit, glücklich.
Dazu kommt, dass Du auf die Gefühle deiner Mitmenschen Einfluss nimmst und dazu beitragen kannst, dass auch ihre Gefühle positiv bleiben.

Wie der Dalai Lama sagte:
<<Wenn wir nicht auf die Gefühle anderer achten,
haben wir keine Richtschnur für unser Verhalten.>>

Den besten Spiegel für unser Verhalten halten uns Kinder vors Gesicht.
Sie sind so rein in ihren Gefühlen, dass Du immer weißt, woran Du bei ihnen bist.
Der Wechsel ihrer Emotionen erfolgt binnen Sekunden.
Gerade weinen sie noch wie ein Schlosshund und schon lachen sie wieder aus vollem Herzen.
Kein Nachtragen, kein Festhalten an den Gefühlen von vor einer Minute.
Sie leben jedes Gefühl unvermittelt aus.
Für uns Erwachsene ist das oft verwirrend.
Bewundernswert finde ich und zum Nachmachen perfekt.
Die Vorteile liegen klar auf der Hand.
Dein Gegenüber bekommt die echte Reaktion auf seine Aktion.
Es bleiben keine ungeklärten Fragen zurück, die sich dann zu Zweifeln, Ängsten und Wut vergrößern.
Du belastest dich nicht mit Halbfertigem und schleppst sie wie ein Rucksack mit dir rum.
Die meisten Magen- und Rückenbeschwerden sind die Last unserer mitgetragen unausgesprochenen Emotionen.

Was machst Du von nun an anders?
Stell dir vor, Du bist in einer Diskussion und der Ausgang ist nicht so, wie Du es dir vorgestellt hast.
Diese Unstimmigkeit stört deine positive Energie.

Schluck es nicht runter, halte es nicht zurück.
Hast Du die Möglichkeit, die negative Empfindung direkt anzusprechen, mach es!
Deine Erregung ist in diesem Augenblick noch nicht so hoch, dass sich daraus ein Streit entwickelt.
Noch ehe es zu einem echten Aufreger wird, ist die Situation bereits entschärft.
Ist der Moment, es direkt anzusprechen, gerade nicht optimal?
Schreib es auf.
Suche die nächstbeste Gelegenheit, am besten noch am selben Tag, um dieses Problem anzusprechen.
Äußere deine negative Empfindung.
Es wird dir leichtfallen, denn es ist nur eine Störung und kein ganzer Haufen angestauter Probleme.
Hab keine Angst vor dem Konflikt.
Ein Problem direkt zu streichen, ist leichter als viele Probleme in einem Streit zu lösen.
Bald wirst Du dich nicht mehr erinnern können, wann Du das letzte Mal gestritten hast.
Steh in jedem Moment zu deinen Gefühlen.
Beseitige negative Energien durch direkte Aussprache.
Nimm die positive Energie daraus in dir auf.
So finden schlechte Empfindungen in dir keinen Halt.

Sorge selbst dafür, dass es dir gut geht.
Ist es der Musiktitel, der dich mitreißt – dreh das Radio richtig auf.
Ist es ein Essen, das dich an einen geliebten Menschen erinnert – koch es.
Ist es ein Film, der dir immer wieder zeigt, dass die Macken deines Mannes nicht so schlimm sind – schau ihn dir an.
Ist es ein Bild, was Sehnsucht in dir und schöne Erinnerungen weckt – häng es an einer Stelle auf, wo Du es immer sehen kannst.
Du kannst Vieles tun, um deinen Tag aktiv zu gestalten, so dass er dir immer als ein schöner Tag in Erinnerung bleibt.
Das Gefühl der intensiven Momente erinnert dich daran, wie schön es ist, am Leben zu sein.
Nutze jede Möglichkeit, und Du wirst dich großartig fühlen.

Platz für deine Gedanken

Schreibe hier Momente auf, in denen Du negative Empfindungen angesprochen und somit direkt gegen positive eingetauscht hast!

Gedanken steuern

Es ist wichtig, sich seiner Stärken bewusst zu sein.
Dass man seine Defizite hat, weiß jeder.
Es nützt aber nichts, sich deswegen klein zu machen.
Also versuchen wir, an unseren Schwächen zu arbeiten, sie zu akzeptieren, mit ihnen zu leben.
Manchmal gelingt es, Schwächen in Stärken umzuwandeln.
Halte dich aber nicht länger als unbedingt nötig damit auf.
Wenn Du deine Stärken richtig einsetzt, verblassen deine Schwächen.
Was wirklich zählt, ist deine Einstellung dazu.
Und nicht nur dazu!
Alles, was in unserem Leben geschieht, hinterlässt Eindruck.
Es bewegt uns in irgendeiner Art und Weise.
Wie wir damit umgehen, ist der Schlüssel.
Wie wir das Erlebte einordnen und wie es uns in der Gegenwart und Zukunft beeinflusst, können wir selbst steuern.
Wir sind in der Lage, selbst die richtigen Impulse zu setzen, um in jeder Situation, durch positive Lenkung, das Leben voller Wunder zu sehen.

Mooji sagte es mit diesen Worten:
<<Du siehst die Welt nicht so wie sie ist,
Du siehst die Welt so wie Du bist.>>

In diesen Worten steckt die ganze Wahrheit.

Stellen wir uns das beliebte Beispiel mit dem Optimisten, dem Pessimisten und dem Glas…was entweder halb leer oder halb voll ist…vor.
Wie oft hast Du es schon erlebt?
Eine Situation – zwei Menschen – zwei Eindrücke.
Es geht nicht um die Tatsache, wie viel Inhalt noch in dem Glas steckt.
Achte auf dein Gefühl, was Du empfindest,
wenn Du sagst:
<<…das Glas ist schon halb leer…>>
oder, wenn Du sagst:
<<…das Glas ist noch halb voll…>>
Spürst Du es?
Allein die beiden Worte *schon* und *noch* verändern deine Einstellung zu dem Inhalt dieser Aussage.
Im Grunde bedeutet das, dass deine Gefühlswelt unmittelbar mit allem, wie Du die Dinge bezeichnest, zusammenhängt.
Im Glas ist immer genauso viel Inhalt.
Jedoch entscheidest Du durch den Wortlaut einer Aussage darüber, wie Du es empfindest.

Das Leben besteht in jeder Situation aus zwei Seiten. Die Tatsache an sich ändert sich nicht, aber das damit verbundene Gefühl.

Dein neuer Anspruch an dein Leben ist nun, deine Gedanken positiv zu formulieren.
Daraus gehen positive Empfindungen hervor, einfach so.
Nach und nach zieht positive Energie durch alle deine Lebensbereiche.
Um dies zu erreichen, ist Zeit dein bester Berater.
Rede nicht einfach drauflos.
Gib dich nicht ungezügelt deinen ersten Gedanken hin.
Erforsche die Stimmung deiner Gedanken und Worte und spüre, ob sie die richtigen Gefühle erzeugen.
Strebe danach, nur zuzulassen, was positive Resonanz erzeugt.

Beispiel:

Statt:	ich **muss** bis…arbeiten	Besser: ich arbeite bis…
Statt:	das geht **nicht**…	Besser: wie geht das…

Das Streichen negativ besetzter Worte, wie: muss, nicht, soll…, bringt Motivation und Leichtigkeit.

Du willst dich positiv fühlen?
Dann sag es positiv!

PLATZ FÜR DEINE GEDANKEN –

Schreibe hier die Sätze auf, die Du durch positive Worte gewandelt hast.

Gespräche

Kannst Du dich an ein Gespräch erinnern, von dem Du sagtest:
<<Das war ein richtig gutes Gespräch.>> ?
Was war daran so gut?
Was war der Grund für das gewinnbringende Gespräch?
Wie hat es sich gestaltet?

Kommunikation erfolgreich für alle Beteiligten zu führen, ist keine Kunst.
Ein paar Kniffe allerdings können die Fähigkeit erheblich steigern.
Durch meinen Beruf in der Medizin bin ich mit der Kunst der *Validation* in Berührung gekommen.
Ursprünglich entwickelte Naomi Feil diese besondere Form der Kommunikation speziell für den Umgang mit Demenzkranken.
Ich empfinde diese Form der Gesprächsführung als so mächtig, dass ich versuche, sie in allen meinen Lebensbereichen anzuwenden.
Das Spiegeln von Empfindungen und die unbedingte Akzeptanz dessen, was dein Gegenüber sagt und tut, ist das, was jeder verdient, der in ein Gespräch geht.
Wendest Du diese Art der Gesprächsführung an, hebst Du deine Kommunikation auf eine neue Ebene.

Damit bist Du in der Lage, jegliches Gesagte und Handeln zu akzeptieren.

Validation führt bei den Beteiligten dazu, dass sie sich zu jeder Zeit akzeptiert, verstanden und wertgeschätzt fühlen.

Das Gesagte wird nicht bewertet oder auf Wahrheit geprüft.

Man nimmt jede Aussage als gegeben an.

Du musst nicht darüber nachdenken, ob die Aussage korrekt ist.

Bestenfalls gibst Du deinen Eindruck über das Gehörte wieder.

Beispiel:

Dein Gesprächspartner erzählt von einer Situation und gibt an, dass er voll aufgeregt in diesem Moment war.

So wollen wir nicht mehr reagieren:

<<Wieso warst Du da so aufgeregt? Ist doch nichts dabei!>>

Nach den Regeln der Validation reagieren wir nun so:

<<Das muss sehr aufregend für dich gewesen sein.>>

Dein Gesprächspartner fühlt sich ernst genommen und seine Gefühle werden akzeptiert.

Beschäftige dich mit der Validation und erfahre in Deinen nächsten Gesprächen, wie die Kunst der Validation positiven Einfluss nimmt.

Teste es aus!

Platz für Deine Gedanken –

Beschreibe hier Gespräche, die sich durch die Anwendung der Validation positiv gestaltet haben!

S wie Streich das Wort *schnell*

Im Alltag lassen wir uns dazu hinreißen, mehrere Dinge gleichzeitig tun zu wollen.
Multitasking nennen sie das und sind auch noch stolz darauf.
Eine furchtbare Erfindung, wie ich finde,
die falsch positive Beachtung findet.
Was soll daran gut sein?
Wie läuft das ab?
Ein Beispiel für angebliches Multitasking aus meinem Leben, vor meinem Richtungswechsel.

Ich stehe morgens in der Küche.
Der Toast ist gerade aus dem Toaster gehüpft.
In der Zeit, in der er abkühlt, kommt mir in den Kopf…
…ich könnte ja mal schnell die Wäsche in die Maschine schmeißen.
Während ich aus verschiedenen Winkeln der Wohnung einzelne Wäschestücke sammele *[schließlich muss die Trommel ja ausgelastet werden]*
fällt mir ein, dass das Toilettenpapier alle war.
Also schnell noch ein paar Rollen unter den Arm geklemmt…

Bevor ich das hintere Bad verlasse, fällt mein Blick auf den Mülleimer.
Der ist voll.
Den nehme ich gleich noch schnell mit.
Auf dem Weg zum Balkon, wo ich den Beutel zwischenlagere, sehe ich, meine Blümchen haben Durst.
Die muss ich schnell noch gießen.
Auf dem Weg zum Wasser holen, habe ich immer noch die Klorollen unter dem Arm.
Die verstaue ich schnell im Schrank unter dem Waschtisch des anderen Bades.
In der Hocke habe ich das Katzenklo hinter mir im Blick.
Ach, die Zeit habe ich.
Schnell noch das Katzenklo gesäubert.
Ich gehe in den Flur, um die Streu zu holen…
…da fällt mein Blick in die Küche…
Ach ja, der Toast sollte langsam ausgekühlt sein.
Das Katzenklo ist sofort vergessen.
Die Waschmaschine steht auch noch still.
Meine Blümchen haben immer noch Durst.
Wieder zum Toast zurück, der auf seinen Marmeladenaufstrich wartet.
Butter drauf und den Hängeschrank über mir geöffnet.
Als ich das Glas süße Köstlichkeit herausnehme, fällt der Salzstreuer gleich noch mit raus.
Als ich den auffangen will, reiße ich den Toast vom Brettchen.

Na TOLL!
War ja klar.
Auf die Butterseite.
Ich bücke mich.
Mit einem genervten Schnauben komme ich wieder nach oben…
Oh!
Das war knapp.
Hätte ich mir doch fast die Schranktür in meinen Kopf gerammt.
So!
Stopp!
Halt!
Jetzt reichts!

Hast Du es gemerkt?

Selbst beim Schreiben hat mich die Hektik gepackt und die Finger flogen immer schneller über die Tasten.
In diesem Beispiel, was früher gang und gebe war, sieht man deutlich, dass ich viel Zeit aufgewendet, aber nichts zu Ende gebracht habe.
Alles, was ich erreicht habe, ist, dass mein Puls in die Höhe geschnellt ist.
Unkonzentriert und planlos habe ich alles begonnen.
Letztendlich hatte ich viel mehr Aufwand und unnötige Wege.

Schlimmstenfalls hätte ich sogar noch eine schwere Kopfverletzung davon getragen.

Hast Du jetzt lachen müssen, weil Du dich selbst darin erkannt hast?
Ich bin sicher, so sieht dein Leben auch aus.
Wir meinen, viele Dinge zu schaffen.
In Wahrheit sind wir aber konfus und planlos.
Zu unserem eigenen Schaden.

Also!
Nimm das Tempo aus deinem Leben.
Auf dem kleinen Zettel eines Teebeutel las ich einmal:
<< Willst Du lange leben, lebe langsam. >>
Darüber nachgedacht, wundert es nicht, dass Schildkröten so alt werden.
Immer, wenn dir in den Kopf kommt, das mache ich schnell - sofort die Bremse ziehen.

Wie mache ich es jetzt?

Ich gehe in die Küche und bleibe da!
In der Zeit, wo der Toast abkühlt, erledige ich maximal das, was in der Küche stattfindet und zum jetzigen Vorhaben nötig ist.
Butter und Marmelade zurechtstellen.
Ein Brettchen bereitgelegt.
Kaffee aufsetzen.

Meine Lieblingstasse dazustellen.
Die Schranktüren schließe ich jetzt immer sofort.
Diese Zeit ist ausreichend, um meinen Toast zu verwenden.
Alles wieder weggestellt, genieße ich in aller Ruhe mein Frühstück.
Absolut entspannt und ohne die Gefahr eines *Dachschadens* habe ich nichts verpasst.
Die unerledigten Sachen von vorher, sind auch jetzt noch unerledigt.
Doch mache ich nun kein Problem daraus.

Ich nehme bewusst wahr, was gerade um mich herum passiert.
Meine Konzentration auf eine Sache erleichtert mir jeden Morgen und jeden meiner Tage.
Kein selbst auferlegter Stress mehr.
Das spart Zeit, schont die Nerven und verhindert unter Umständen einen Arztbesuch, verlängert aber mit Sicherheit dein Leben.

Nun gut, das Frühstück habe ich schon mal überlebt.
Die nächste Stolperfalle wartet zur Mittagszeit auf mich.
Mein Mann und ich arbeiten von Zuhause aus.
Wer kennt das nicht, wie die Zeit verfliegt, wenn man am PC arbeitet.
Kurz mal nicht zur Uhr geschaut, zack, ist eine Stunde rum.

Unser Feuermelder hat mich mehr als einmal daran erinnert, dass ich Essen auf dem Ofen habe.
Die Arbeit hat meinen Kopf so weit weg vom Kochen geholt, dass ich auch beim schrillen Pfeifton noch nicht wusste, warum der jetzt so schreit.
Beim Anblick des blauen Qualms vor der Küche fällt mir ein – ach ja, ich habe ja das Öl in die Pfanne getan.
Doch die Wartezeit, bis es heiß genug für das Fleisch ist, war mir schon wieder zu lange.
Nur mal eben schnell schauen, ob ich eine Mail habe.
Na klar, und die *EINE* kann ich doch mal schnell beantworten.
Aus dem, kurz mal schnell, wurde ein Öl-Brand in der Küche.
Abgesehen, von dem zahlreichen Kochgeschirr, das ich bereits verloren habe, kann ich von Glück reden, dass unsere Wohnung noch nicht abgefackelt ist.
Nach dem letzten Mal habe ich mir geschworen, dass ich den Ofen nun nicht mehr aus den Augen lasse.
Für Kartoffeln und anderes, was längere Zeit braucht, stelle ich mir einen Timer.
Ich ermahne mich auch heute immer mal wieder, erst meinen Gedankengang in der Arbeit fertig zu machen, bevor ich zu kochen beginne.

Hektik und Stress sind wie Krankheiten.
Sie sind ansteckend.

Also lass dich eher von Ruhe anstecken.
Vielleicht kannst Du auch derjenige sein, der mit einem beruhigenden Griff auf eine Schulter dazu beiträgt, dass auch ein anderer länger leben kann.
Manchmal ist es nur diese kleine Geste, die so viel bewegen kann.
Jede Arbeit, ob in der Küche oder sonst eine, verdient deine volle Konzentration.
Seitdem ich so handle, erinnert mich der Feuermelder seltener daran, dass ich Essen auf dem Ofen hatte.

Meine Sehnsucht nach dieser Ruhe in meinem Körper hat sich in alle Bereiche meines Lebens erstreckt.
Die angezogene Bremse in meinem Kopf ist immer aktiv.
So ist es mir möglich, jeden Tag stressfrei und ganz bewusst zu erleben.
Das Leben wird so viel entspannter, wenn man nur diese eine Sache ändert.
Probiere es aus und wende es in jeder Situation an.
Fällt dir etwas zwischendurch ein, was Du machen musst, schreib es auf und mach es dann, wenn Du dich voll darauf konzentrieren kannst.
Bringe erst eins zu Ende und dann beginne Neues.
Du wirst sehen, Du schaffst am Ende mehr und bist dabei ganz entspannt geblieben.
Eine herrliche Leichtigkeit!

PLATZ FÜR DEINE GEDANKEN –

Welche Situationen hast Du bereits entschleunigt?

Seele pflegen

Statt schnell zu leben, sollten wir uns häufiger damit befassen, unsere Seele zu pflegen.
In Erinnerung an meine Uroma sehe ich vor mir,
wie sie alles mit Bedacht und Ruhe tat.
Sie lebte in einer Zeit, in der die schwersten Arbeiten nicht von Technik übernommen wurden.
Ich liebte es, bei ihr zu sein.
Das Ticken des Uhrpendels war oft das Einzige,
was in der guten Stube zu hören war.
Und heute?
Heute ist es bei uns zu Hause genauso still.
Instinktiv weiß man genau, wonach man sich sehnt.
Wir erlauben uns nur zu wenig, darauf zu hören
und es einzuhalten.
Schaffe dir Inseln der Ruhe für dich.
Mache es dir richtig schön.
Manchmal sind es Kleinigkeiten, wie ein persönlicher Untersetzer oder ein persönlicher Teller, mit dem dein Essen direkt besser schmeckt.
Stell Kerzen auf.
Mach deine Lieblingsmusik an.
Schau dir etwas an, was dich gut fühlen lässt.
Trink deinen Lieblingstee nicht in Hektik.

Setz dich ans Fenster…schau in die Ferne und spüre genau in diesem Moment dein Glück.
Was Du in diesen Momenten empfindest,
ist auch das Gefühl der Sicherheit.
Wann immer Du dir einen Ort der Ruhe und Entspannung freihältst, begibst Du dich in einen geschützten Raum.
Für diesen Moment ist es, als würde sich das Leben, wie eine warme Decke, um dich legen.
Dein Zuhause, ein Rückzugsort, deine Oase der Kraft, muss der Ort sein, dem Du die größte Aufmerksamkeit schenken solltest.
Wir verbringen die meiste Zeit unseres Lebens darin.
Und auch, wenn die Kinder aus dem Haus sind und nur besuchsweise zurückkehren, ist es dieser Ort,
wo die Gefühle der Kindheit direkt wieder präsent werden.
Es sind die vertrauten Gerüche und Geräusche, die uns, mit dem Betreten, wieder zu Kindern werden lassen.
Deine Energie, die Du für dein Wohlbefinden in dein Zuhause steckst, belohnt dich zu jeder Minute der Ruhe mit Glücksgefühl.
Du kannst dich wieder aufladen.
So, positiv aufgetankt, kannst Du jeden Tag beginnen und beenden.

PLATZ FÜR DEINE GEDANKEN –

Was tust Du, um deine Seele zu pflegen?

Schlaf gut

Ähnlich, wie Hunger, verändert Schlafentzug die Fähigkeit, den Tag aktiv und effektiv zu gestalten.
Die Wichtigkeit von erholsamem Schlaf wird unterschätzt, bis der Körper dir Folgen sendet, die dich wachrütteln.
Arthur Schopenhauer erkannte schon im 18. Jahrhundert:
<<Der Schlaf ist für den Menschen,
was das Aufziehen für die Uhr.>>
Schlaflose Zeiten lassen sich für einen kurzen Zeitraum überbrücken und ausgleichen.
Raubt dein vollgestopfter Alltag dir aber den Schlaf, kannst Du nur aktiv dagegen vorgehen.
Wir können uns manchmal schwer dem Druck entziehen, dass wir unbedingt die ein oder andere Sache noch erledigen müssen.
Hast Du mal geprüft, welche Dinge sich nicht auch später erledigen lassen?
Der Abwasch steht auch morgen noch da.
Hast Du mal geprüft, welche Dinge Du durch andere erledigen lassen kannst?
Kannst Du Aufgaben an andere abgeben?
Delegieren ist eine Kunst.
Denn Du musst bereit sein, deinen Anspruch an die Art und Weise, wie Du diese Angelegenheit erledigen würdest, aus der Hand geben.

Stell deine Ansprüche auf den Prüfstand.
Ist es lebensnotwendig, dass das Hemd heute noch gebügelt wird?
Ist es lebensnotwendig, dass der Abwasch heute noch erledigt wird?
Beides ist mit hoher Wahrscheinlichkeit nicht der Fall.
Genügend und guter Schlaf allerdings ist essenziell für dein Leben.
Du siehst es an deinem Teint.
Du spürst es im Körper.
Du fühlst es am Blutdruck.
Du hast Schwung, gute Laune und bist einfach besser drauf, wenn Du dir die Zeit für Erholung durch Schlaf nimmst.
Eigne dir die passende Schlafkultur an.
Rituale unterstützen dich wesentlich in der Einhaltung deiner Schlafgewohnheiten.
Wohltuender Tee, entspannende Musik bei einem warmen Bad, frische Luft im Zimmer und beruhigendes Licht durch Kerzen sind die gängigsten Mittel, um gut zu schlafen.
Das Ziel, zu einer bestimmten Zeit in den Federn zu liegen, stellt deinen Körper auf den wichtigsten Teil deiner Erholungsphase ein.
Leg dich entspannt ins Bett, Augen zu, Kopf aus!

Sagte ich:

<<Kopf aus!>> ?

Das ist meistens das Problem.

Der Kopf denkt immer weiter.

Unaufhörlich reden die Stimmen auf dich ein.

Um sich davon zu befreien, habe ich eine wirkungsvolle Methode für mich übernommen.

Ich lege mich ins Bett. Auf den Rücken.

Schön zudecken! So, als würdest Du kuschelig umarmt werden.

Entspanne alle deine Muskeln.

Du denkst Du bist entspannt?

Meistens spürt man die Anspannung im Nacken und im Kopfbereich. Die Ohren sind etwas nach hinten gezogen, der Kopf nicht wirklich fest im Kissen.

Du musst spüren, wie dein Körper sich immer fester in die Matratze senkt.

Um die Gedanken abzuschütteln, legst Du nun, bei völliger Entspannung, deine Hände auf den Bauchnabel und atmest.

Konzentriere dich bei jedem Atemzug nur auf die Bewegung deines Bauches.

Einatmen – EINS.

Ausatmen – ZWEI.

Im Handumdrehen bist Du eingeschlafen.

In diesem Sinne:

<<Schlaf gut!>>

PLATZ FÜR DEINE GEDANKEN –

Notiere hier, was dir zu gutem und genügend Schlaf verhilft!

W wie Wiederholungstäter

Ich vermute, Du glaubst, ich hätte meinen eigenen Richtungswechsel bereits vollendet.
Das liegt ja auch nah.
Wie hätte ich sonst dieses Buch schreiben können?
Ich kann dich beruhigen.
Genauso wie Du, muss ich Tag für Tag daran arbeiten.
Keine Situation im Leben ist, wie die davor oder wie die, die noch kommt.
Kein Mensch steht dir gegenüber, wie der davor oder der, der noch kommt.
Kein Tag ist wie der andere.
Du hast jeden Moment deines Lebens die wundervolle Aufgabe, jeden einzelnen Tag an dir zu wachsen.

Du erinnerst dich an die Beispiele aus dem Kapitel *Streich das Wort schnell…?*
Die sind der beste Beweis, dass auch ich, immer noch ein Wiederholungstäter bin.
Wenn Du denkst, Du hast das neue Leben schon verinnerlicht, schreit mein Mann:
<<Hier geht was über…!>>
Und schon springe ich wieder in die Küche.
Verdammt!
Hab ich meine eigenen Vorsätze wieder vergessen.

Du siehst, auch wer sich, wie ich, schon recht lange mit seinem Wechsel beschäftigt, ist nicht davor gefeit, immer wieder zurückzufallen.
Das muss man einfach akzeptieren.
Nach hundert guten Tagen kommt der eine, der dich kurz ermahnt, die Achtsamkeit zu behalten.

Es wird leichter.
Das verspreche ich dir!
Es wird dir immer besser gelingen, deine Abweichungen direkt zu erkennen und zu korrigieren.
Und dennoch musst Du dir verzeihen, wenn es dich mal wieder erwischt hat.
Dein Weg geht einfach weiter.
Jeder Tag, an dem Du wenigstens einmal gedacht hast, das ist mir heute richtig gut gelungen, ist ein Gewinn.
Und diese Tage werden mit der Zeit immer mehr.
Bald schon ist es in Fleisch und Blut übergegangen und es ist für dich selbstverständlich geworden…
…bis zum nächsten kleinen Ausrutscher.
Dann heißt es:
<<Ist passiert. Weiter geht’s.>>

Platz für Deine Gedanken –

Notiere hier, was Du schon ohne Rückfall sicher gewandelt hast!

Übrigens…Glückwunsch dazu!

Wohlbefinden herbeiführen

Eleanor Roosevelt sagte:
<<Mit jedem neuen Tag kommen neue Stärke
und neue Gedanken.>>

Hast Du die Herrlichkeit eines neuen Morgens in seiner
Unschuld und Reinheit schon einmal wahrgenommen?
Wenn der Berufsverkehr noch nicht begonnen hat,
ist die Luft am Morgen der erste kurze Urlaub,
den Du ganz tief in dir aufsaugen kannst.
In den frühen Morgenstunden hörst und siehst Du andere
Vögel in den Bäumen.
Du stehst am Fenster und deine Augen lassen
die Schönheit der Welt mitten in dein Herz fallen.
Du tust gut daran, dir jeden Tag etwas Zeit zu nehmen,
um den neuen Tag zu begrüßen.
Noch keine Arbeit.
Noch kein Stress.
Nur Du und die Welt.
Du spürst, wie sich die Energie in dir aufbaut.
Selbst, wenn schwierige Aufgaben vor dir liegen…
…nach diesem Chillout am Morgen weißt Du
<<Ich schaffe das!>>

Sorge jeden Morgen für einen guten Tagesbeginn.
Das geht ganz leicht.
Steh auf und stell dich vor den ersten Spiegel, der sich auf deinem Weg befindet.
Schau hinein.
Sieh dir diesen Menschen ganz genau an und nun:
Lächle diesen Menschen an.

Die erste Person, die dir ein bezauberndes Lächeln schenkt, bist DU.
Spürst Du, wie echtes Glücksgefühl durch dich hindurchströmt?
Es spielt für unsere Seele keine Rolle,
wer dich anlächelt.
Es könnte sogar nur dein Lieblingsteddy sein.
Der positive Effekt auf unsere Psyche ist derselbe.
Lass diesen wundervollen Tagesbeginn zu einem Ritual werden.
Trage dieses wohlige Gefühl, das dir aus deinem Spiegelbild entgegengebracht wird,
mit in den Tag hinein.
Wie dein Spiegel werden andere Menschen dein Lächeln erwidern.
Damit wird für jeden der Tag ein wenig freundlicher.
Und jeder wird es dir danken!

PLATZ FÜR DEINE GEDANKEN –

Notiere hier Situationen, in denen dein Lächeln positive Reaktionen erzeugte. Wie hast Du dich dabei gefühlt?

Worte Haben Macht

Ich bin schon immer von der Macht von Worten fasziniert.
Diese Faszination legte den Grundstein für meinen Autoren-Weg.
Ob honigsüß oder messerscharf.
Mit Worten kannst Du viel bewegen.
Umso wichtiger ist es, sich dieser Verantwortung bewusst zu sein und Worte mit Bedacht anzuwenden.
In meiner Jugend habe ich mal jemanden gehört, der sagte:
<< Ein gesagtes Wort bleibt gesagt.>>
Mit Sicherheit gibt es in deinem Leben Momente, in denen Worte mehr als deine Gefühle verletzt haben.
Wenn Worte die Seele treffen, kann keine Entschuldigung, kann nichts, dieses schwarze Loch in dir schließen.
Für Worte, die verletzt haben,
gibt es keinen Radiergummi.
Keine Reset-Taste kann die Spuren löschen, die sich wie Brandmale in ein Gedächtnis einbrennen.
Wie oft kommt es vor, dass ein Wort, unachtsam gesprochen, den Grundstein für einen anhaltenden Streit legte?

Worte können Familien und Beziehungen festigen, aber
auch zerstören.
Da Worte unser gesamtes Leben in jedwede Richtung
lenken können, sollten wir uns bemühen,
unsere Worte auf ihre Wirkung zu prüfen,
bevor wir sie aussprechen.
Wie Rumi, ein persischer Gelehrter des Mittelalters,
sagte:
<<Bevor Du sprichst,
lasse deine Worte
durch drei Tore schreiten.
Sind sie wahr?
Sind sie notwendig?
Sind sie freundlich?>>
Frage dich genau, ob die mögliche Folge eines Wortes
genau die ist, die Du erzielen möchtest.
Hast Du mit Worten verletzt, stirbt in deinem
Gesprächspartner auch immer ein wenig Gefühl.
Setze deine Worte nicht ein, um eine gewünschte
Reaktion zu provozieren.
Provokation und Erwartung sind selten erfolgreich.
Erwartungen sind nichts anderes als Wünsche, die nicht
ausgesprochen werden.
Dass der andere, wie gehofft reagiert, ist und bleibt
oftmals ein Wunsch.
Besser ist es, seine Wünsche mit den richtigen Worten zu
formulieren und auszusprechen.

Alles, was man mitteilen möchte, wird mit der Wahl der richtigen Worte zum Erfolg führen.

Sei dich dieser Verantwortung stets bewusst und verwende deine Sprache für dich und alle anderen, um das Leben in einer positiven Richtung zu halten.

Das erfordert in vielen Situationen mehr Geschick und Feingespür , als man annehmen möchte.
Willst Du beispielsweise etwas Positives sagen, dann sag auch nur Gutes.
In unserer Gesellschaft kommt es viel zu häufig vor, dass sich in Lob auch immer ein ABER einfügt.

Beispiel:

Die Mannschaft hat das Spiel für sich entschieden.
Alle Spieler sind glücklich.
Die Fans jubeln.
Doch nach der ersten Freude kommt,
die Spieler sind noch nicht mal vom Platz gegangen,
die Analyse.
Die Spielzüge werden auseinandergenommen.
Man hätte dies oder jenes besser machen können.
Die Mannschaft hat gewonnen, aber…
… hätte sie noch mehr Chancen wahrgenommen,
hätte sie noch zwei Tore mehr machen können.

Hätte, könnte, wollte und sollte sind Worte, die im Bruchteil eines Augenblickes das Glück und die Freude über eine tolle Sache zunichtemachen.
Bleib beim Lob.
Bleib bei der Anerkennung und mach einen Punkt.
Eine gute Sache muss gut bleiben.
Ja, es muss auch Kritik geben, wenn sie konstruktiv ist.
Jedoch ist dies zu einem anderen Zeitpunkt von Nutzen.
Analyse hat in einer Anerkennung nichts zu suchen.

Während das gesprochene Wort den Nachteil der Zeit erträgt, kann das Wort, wenn es geschrieben wird, die Zeit nutzen, um passgenau angewendet zu werden.
Wie ein Pfeil trifft ein Wort mitten ins Schwarze.
Der Vorteil in Geschriebenem liegt eindeutig darin, dass Du die Möglichkeit hast, die Wirkung deiner Worte selbst zu erleben.
Hast Du etwas aufgeschrieben, prüfe deine Worte mit den drei wichtigen Fragen.
Spüre, welche Gefühle und Gedanken in dir ausgelöst werden.
Sind es diese Reaktionen, die Du damit erreichen wolltest?
Oder möchtest Du den einen oder anderen Wortlaut noch etwas anpassen?
Sich genügend Zeit zu nehmen, bevor man es abschickt, kann viel Kummer ersparen.

Das Aufschreiben von Gedanken und Gefühlen in deinem Richtungswechsel, unterstützt dich auf diesem schweren Weg.
Du kannst dir zu jeder Zeit dein Vorhaben erneut ins Gedächtnis zurückrufen.
Seine eigenen Gedanken niedergeschrieben vor sich zu sehen, bringt die wertvollen Empfindungen dabei wieder an die Oberfläche.
Es erinnert dich daran, warum Du diesen Weg gehen wolltest.

Menschen haben seit jeher die Macht der Worte erkannt.
Wir haben das große Glück, dass uns diese Sprüche und Zitate erhalten geblieben sind.
Schon von den Großen des Mittelalters können wir für unser Leben Wertvolles übernehmen.
Die Probleme der Menschen waren schon immer dieselben.
In diesem Buch verwendete ich Zitate, die, passend zum Thema, den Kern des Kapitels treffen.
Also, warum sollte man sie nicht für sich nutzen?
Sprüche und Zitate, die dir aus der Seele sprechen und dich in deinem Prozess unterstützen und begleiten, solltest Du gut sichtbar in deinem Leben platzieren.
Am Kühlschrank, am Spiegel, auf der ersten Seite des neuen Taschenkalenders usw.

Wann immer dein Blick auf diese Worte fällt,
spürst Du die Kraft, die sie dir geben.
Sie helfen dir, auf deinem Weg zu bleiben.
Motivation und Ansporn umgeben dich in jedem
Moment deines Lebens.

PLATZ FÜR DEINE GEDANKEN –

Welcher Spruch, welches Zitat spricht dir aus der Seele und begleitet dich in deinem Richtungswechsel?

Wünsche

Mein persönliches Highlight in der Nutzung von Worten liegt im Niederschreiben von Wünschen.
Die wirklich richtungsweisende Erfahrung, machte ich vor ein paar Jahren zur Weihnachtszeit.
In der Beschäftigung mit dem Ritual der Rauhnachtswünsche begriff ich den unfassbaren Wert von Wünschen, die aufgeschrieben werden.
In diesem Fall geht es um dreizehn Wünsche.
Formuliert werden diese Wünsche so, als seien sie bereits in Erfüllung gegangen.
Zum Beispiel:
<<Ich habe es geschafft, ein weiteres Buch zu veröffentlichen.>>
Zwölf weitere Wünsche kommen dazu.
Jeder Wunsch wird gut zusammengefaltet, so dass man den Text des Wunsches nicht erkennen oder lesen kann.
Alle dreizehn Wünsche kommen in ein Gefäß.
Beginnend am Weihnachtsabend, nimmt man an zwölf Abenden einen Wunsch, verdeckt, aus dem Gefäß und verbrennt ihn.
Am Abend des sechsten Januar ist noch ein Wunsch übrig.
Und genau dieser Wunsch wird deine eigene Aufgabe für das neue Jahr.
Die zwölf anderen Wünsche erfüllt das Universum.

Vor drei Jahren tat ich das erste Mal genau das.

Dreizehn Wünsche lagen in der Schachtel vor mir.

Ein Wunsch nach dem anderen brannte.

In mir wuchs die Spannung, welcher davon für mich übrigbleiben würde.

Wichtig waren mir alle, sonst hätte ich es mir nicht gewünscht.

Dann erlebte ich in mir selbst eine Wirkung, die den gesamten Prozess der Rauhnächte für mich so magisch macht.

Da ich nicht wissen konnte, welcher Wunsch am Ende übrigbleiben würde, erinnerte ich mich an einen dieser Wünsche, der mir sehr am Herzen lag.

Es gibt die Möglichkeit, dem Universum zu vertrauen, dass es diese Sache regelt.

Oder der Wunsch bleibt eh für mich übrig, so dass ich mich sowieso darum kümmern müsste.

Sollte ich mich auf das Universum verlassen?

Das hat sicher noch viele andere Wünsche zu erfüllen.

Kurzerhand nahm ich das Telefon und rief meine Schwester an.

<<Ich will mich wieder mit dir vertragen!>>

Von der anderen Seite kam die erhoffte Antwort.

Dieser Prozess, der in mir vorging, war einfach unbeschreiblich.

Ich begriff, dass ich es selbst in der Hand habe, ob sich meine Wünsche erfüllen.

Dann war der sechste Januar gekommen.
Ein letztes zusammengefaltetes Zettelchen kullerte in der Schachtel hin und her.
Unfassbar, wie gespannt ich auf seinen Inhalt war.
Ich setze mich an einen ruhigen Ort und entfalte zaghaft diesen letzten Wunsch.
Welche Aufgabe muss ich in diesem Jahr selbst erledigen?
Wie ein Brandmal wird diese Aufgabe in meinem Gehirn abgespeichert.
Zum nächsten Weihnachtsfest, bevor ich wieder zwölf von dreizehn Wünschen in den Rauhnächten verbrenne, kann ich dann, wenn es gelungen ist, die Erfüllung dieses einen Wunsches feiern.
Bisher habe ich mich noch nicht enttäuscht.
Und auch die anderen Wünsche sind in Erfüllung gegangen.
Rituale und Glauben sind wichtige Säulen der eigenen mentalen Stärke.
Wenn es um Wünsche geht, ist man in den meisten Fällen selbst in der Lage, für deren Erfüllung zu sorgen.
Warte nicht darauf, dass das Universum etwas für dich tut, wenn Du es selbst erledigen kannst.

PLATZ FÜR DEINE GEDANKEN –

Welche Rituale helfen dir in deinem Leben?

E wie Entscheidungen

Gehörst Du zu den Menschen, die sich schwer tun, Entscheidungen zu treffen?
Oder gehst Du mutig voran, zweifelst aber dann an deiner Entscheidung?
Täglich sind wir dieser Aufgabe ausgesetzt.
Die Unsicherheit, eine falsche Entscheidung getroffen zu haben, macht uns Angst.
So stehen wir im Zweifel mit uns selbst.
Oftmals schieben wir eine Entscheidung bis zur letzten Möglichkeit auf.
Und manchmal tritt pure Erleichterung hervor, wenn uns Entscheidungen abgenommen werden.
Verpassen wir eine Gelegenheit, weil wir den Entschluss nicht rechtzeitig gefasst haben, beruhigen wir unseren Frust mit den Worten:
<<…dann hat es halt nicht sein sollen.>>
William James, ein amerikanischer Philosoph und Psychologe des 19. Jahrhunderts sagte:
<<Wenn Du eine Entscheidung treffen musst
und Du triffst sie nicht,
ist das auch eine Entscheidung.>>
Darüber nachgedacht, erkennst Du, dass Du immer DEINE Wahl triffst.

Die Möglichkeit zu wählen, macht es uns mitunter schwer.
Wirst Du um eine Entscheidung gebeten, hast Du in genau diesem Moment schon deine Wahl getroffen.

Doch dann stellen sich die Gedanken ein:
Was sollte ich tun?
Was ist besser?
Oder vielleicht doch das andere?
Wir erforschen in unserem Gegenüber, ob wir erkennen können, was er sich wünscht und wollen dem Wunsch entsprechen.
Entscheidest Du dich, zum Nutzen eines anderen gegen dich selbst, wirst Du am Ende nur dich enttäuschen.

Stell dir die Frage:
<<Was kann schon passieren?>>
Also…entscheide dich und steh dazu.
Zweifle nicht.
Im besten Fall ist es eine Erfahrung.
Daraus besteht das Leben.
Aus Gelebtem Erfahrungen zu sammeln.

Wie geht es dir, wenn dir jemand mit << *Egal !* >> antwortet?

Bist Du dann genervt? So geht es mir auch.

Man muss doch wissen, was man will!

Damit wird jeder zu einem eigenständigen Lebewesen.

Menschen, die keine Entscheidung treffen können, behelfen sich gern des Werfens einer Münze.

Lass uns mal etwas probieren.

Lass dich von jemandem etwas fragen, wo es die eine oder andere Wahlmöglichkeit gibt.

Zum Beispiel:

<<Möchtest Du morgen Nudelsuppe oder Schnitzel mit Pommes essen?>>

Achte in der ersten Sekunde nach der Frage auf deine erste innere Antwort.

Nehmen wir mal an, Du kannst deinem ersten Impuls, aus welchen Gründen auch immer, nicht folgen und bist unschlüssig.

Lass dir jetzt eine Münze geben.

In diesem Moment, wo Du die Münze in die Luft wirfst, wette ich, weißt Du sofort, wie deine Antwort ist.

Denn Du hoffst in diesem Moment auf diese eine Fügung der Münze.

Lass nicht Münzen dein Leben bestimmen.

Triff deine Entscheidungen selbstbewusst und erfahre, wie wohlwollend dein Gegenüber damit umgehen kann.

PLATZ FÜR DEINE GEDANKEN –

Wie gut kannst Du Entscheidungen treffen?

Was hilft dir dabei?

Ehrlichkeit

Der Mensch ist eine seltsame Spezies.
Obwohl er zu unglaublichen Leistungen fähig ist,
sucht er immer nach einem einfachen Weg.
Daher muss man sich nicht wundern, dass wir glauben,
dass andere die Aufgabe haben, uns glücklich zu
machen.
Wer erstmal verstanden hat, dass er sein Glück in die
eigenen Hände nehmen muss, kann glücklich werden.
Dieses ungeheure Maß an Eigenverantwortung kannst Du
nur bewältigen, wenn Du in der Lage bist,
ehrlich zu sein.
In erster Linie musst Du dir gegenüber ehrlich sein.
Verstecke dich nicht hinter Ausreden.
Benenne deine Stärken.
Steh zu deinen Schwächen.
Arbeite an deinen Defiziten.
Analysiere dich ehrlich, warum Du gerade so denkst,
redest oder handelst.
Hinterfrage dich, welche Absicht hinter deiner Tat und
deinen Worten steckt.
Bezweckst Du etwas damit?

Nur, was Du um deiner selbst willen tust und ohne Hintergedanken ehrlich gemeint ist,
führt am Ende, nicht zuletzt auch in dir,
zur inneren Ruhe und Zufriedenheit, die Du suchst.

Helmut Schmidt, einer unserer früheren Kanzler
sagte treffend:
<<Ehrlichkeit verlangt nicht,
dass man alles sagt, was man denkt.
Ehrlichkeit verlangt nur,
dass man nichts sagt, was man nicht auch denkt.>>

Die Einigkeit zwischen dem Denken und Sprechen hat einen großen Stellenwert in der Kommunikation.
Deine eigene Überzeugung von dem, was Du sagst,
ist die Voraussetzung, es überhaupt auszusprechen.
Wir Frauen, und ich nehme mich, bis zu meinem Richtungswechsel davon nicht aus, verschleiern gern unsere Wünsche hinter Ungesagtem.
Die Erwartungshaltung, dass man uns die Wünsche von den Augen ablesen kann und sollte,
führte schon zu manchem Streit.
Es ist auch diese Ehrlichkeit, die es braucht, dem Gegenüber mit den richtigen Worten zu sagen,
was man wünscht.
Umso wichtiger ist es, wie im vorhergehenden Kapitel,
seine eigenen Worte gut zu wählen.

Bitte um kurze Bedenkzeit, sollte dir das passende Wort nicht einfallen, bevor Du etwas sagst, das nicht das ausdrückt, was Du wirklich sagen willst.

In sich selbst hineinzuhören und zu fühlen, was gerade die Stimmung in dir selbst auslöst, lässt dich erkennen, wer Du bist und was Du brauchst.
Es schadet auch nicht, wenn man ehrlich ausspricht:
<<Ich bin gerade etwas neidisch…, gestresst, traurig…>>
Teile dem anderen ehrlich mit, welche Gefühle gerade in dir arbeiten.
Deinem Gegenüber fällt es so leichter, sich selbst zurückzunehmen und geht auf deine Gefühlslage ein.
Bleibe in deinen Aussagen bei deiner Überzeugung.
Es hilft niemandem, wenn Du anderen zum Munde redest, obwohl Du nicht dahinterstehst.
Die Ungerechtigkeit in diesem Verhalten wird uns bewusst, wenn es uns selbst so ergeht.

Beispiel:

Du bittest einen Freund, dich zu einem Termin zu begleiten.
Der Freund stimmt zu, obwohl er eigentlich schon eine andere Verabredung hatte.
Ständig schaut er auf die Uhr und Du spürst, dass er mit seinen Gedanken ganz woanders ist.

In dir entsteht ein schlechtes Gefühl.
Auf deine Nachfrage hin, beichtet er den anderen Termin.
Obwohl der Freund nicht ehrlich zu dir war,
fühlst Du dich schuldig und bist enttäuscht.
In dieser Situation fühlten sich am Ende beide schlecht.

Es wäre richtig von dem Freund gewesen, direkt den Gefallen abzulehnen, da er durch einen anderen Termin verhindert ist.
Mit Sicherheit hättest Du mit Verständnis reagiert und eine andere Möglichkeit gefunden.

Im Richtungswechsel kommt es darauf an, dass Du stetig deine eigenen Beweggründe analysierst.
Es grenzt an Philosophie, denn Du bist von nun an immer in der Prüfung deiner eigenen Gedanken und Handlungen.
Ehrlich zu sich selbst zu sein, ist der Wegbereiter in dein leichteres Leben.
Wenn Du das schaffst, kannst Du auch ehrlich zu allen anderen sein.
Damit weiß man immer, woran man bei dir ist und Du erlangst eine wichtige Stufe der Wandlung.

Platz für Deine Gedanken –
Schreibe hier Momente auf, in denen Du ehrlicher warst als vor deinem Richtungswechsel!

C wie Cremig bleiben

Diese Worte hören sich lustig an.
Doch ihre Bedeutung für ein leichteres Leben ist enorm.
In meinem Berufsleben habe ich unzählige Stress-Momente erlebt.
Die Arbeit mit anderen Menschen erfordert die Fähigkeit, die unterschiedlichen Charaktere auszuhalten.
Es gab immer eine Kollegin, die mich, zusätzlich zum allgemeinen Stress, mit ihrem Wesen unter Druck setzte.
Mein eigenes Pflichtbewusstsein trieb mich an den Rand meiner körperlichen Kräfte, bis mein Körper deutliche Signale sendete.
Ich ließ mich immer weiter antreiben, ohne auf mich selbst zu achten.
Zu wenig getrunken, zu wenig gegessen, Pausen ausfallen lassen.
Unkonzentriertheit, als Folge, führte sogar dazu, dass ich mir Desinfektionsspray in mein Auge sprühte.
Ernste körperliche Folgen, mit extremem Gewichtsverlust und weiterreichenden Auswirkungen stellten sich ein.
Erst, als es fast zu spät war, nahm ich mein Arbeits-Schicksal selbst in die Hand.

Ich beschloss, den Druck auf mich nicht mehr zuzulassen.
Ich entwickelte einen Abwehrmechanismus, der sogar dazu führte, dass diese *treibende Kraft* selbst entschleunigt wurde.
Mit den Worten:
<<Immer schön cremig bleiben.>>
schaffte ich es, nicht nur für mich, den Stresspegel zu senken.
Die Wirkung dieser vier Worte war so ansteckend, dass einer meiner Chefs dies übernahm.
Alle lernten die neue Geschmeidigkeit schätzen.
Besonders ich.
Denn ich hatte mir einen Schutzschild geschaffen, der mich davor bewahrte, über meine Kräfte hinaus zu gehen.
Entschleunigung hilft dir in jedem Bereich deines Lebens, deine Ressourcen zu schonen, ob beim Einkaufen, Autofahren usw.
Es hilft dir, konzentriert und achtsam zu bleiben.
Lass dich nicht in eine Stresssituation hineinziehen.
Achte stets darauf, dein eigenes Tempo zu gehen.
Bleib geschmeidig und cremig,
egal wie groß der Druck auch wird.
Es ist deine Gesundheit, die auf dem Spiel steht.
Lass dich nicht Schach-Matt setzen.

PLATZ FÜR DEINE GEDANKEN –
Wann hast Du dich bewusst fürs Cremigbleiben eingesetzt?

Courage

Courage ist ein großes Wort.

Doch, was bedeutet das eigentlich?

Es heißt nichts anderes, als Mut zu haben.

Warum ist dieses Kapitel ein Teil deines Richtungswechsels?

Wieso musst Du mutig sein?

Im Falle unseres Richtungswechsels bedeutet es, dass wir den Mut haben, unseren eigenen Weg zu gehen.

Du wirst auf Widerstand stoßen.

Deine Veränderungen werden einigen Menschen in deinem Umfeld vielleicht nicht immer gefallen.

Um das auszuhalten, braucht es genau diese Portion Mut – die Courage zu deinen Entscheidungen zu stehen.

Wir müssen uns in unserem Leben oft beweisen.

Dazu gehört auch, die Courage – den Mut, den Schneid – zu haben, sich zu sich selbst zu bekennen.

Denn, wenn Du ehrlich bist, ordnen wir uns jeden Tag bestimmten Regeln, Ansichten und Erwartungen unter, um akzeptiert zu werden – um ein anerkannter Teil der Gesellschaft zu sein.

Johann Wolfgang von Goethe sagte:

<<Man muss die Courage haben,
das zu sein,
wozu die Natur uns gemacht hat.>>

Mensch!
Für mich ist der Mensch an sich ein Wunder.
Abgesehen von den unzähligen Fähigkeiten,
die er bei der Geburt in die Wiege gelegt bekommt,
ist er immer auch in der Lage,
beinahe unmenschliche Leistungen zu vollbringen.
Ich denke, jeder Mensch hat wenigstens eine besondere Gabe.
Es gilt, diese zu entdecken und zu nutzen und auch immer wieder Neues zu erlernen.
Hier und mit diesem Buch und deiner Entscheidung,
einen Richtungswechsel zu vollziehen,
beweist Du die Fähigkeit, zu Denken und zu Handeln.
Besinne dich auf deine Fähigkeiten.
Deine Eigenschaften machen dich zu einem individuellen Geschöpf.
Dein Lebensweg hat dich zu genau dieser Persönlichkeit gemacht.
Hast Du das Gefühl, in einer falschen Richtung unterwegs zu sein, zögere nicht, einen neuen Weg einzuschlagen.
Dein Leben ist keine Einbahnstraße.
Du hast immer eine Wahl.
Du musst nur auf EINES achten!
Es muss sich für dich richtig anfühlen.

Zeiten, in denen Du nach der Pfeife der anderen getanzt hast, obwohl es dir damit gar nicht gut ging, sollten der Vergangenheit angehören.
Du konzentrierst dich nun auf dich.
Fälschlicherweise wird die Konzentration auf sich selbst oft als Egoismus bezeichnet.
Egoismus ist im Sprachgebrauch eindeutig negativ besetzt.
Aber, ist es denn falsch, sich auf sich selbst zu konzentrieren?
Schauen wir auf eine Mutter, die neben den Kindern auch noch Job und Hausarbeit unter einen Hut bringt.
Kaum legt sie sich auf die Couch und gönnt sich eine Pause, kommt jemand um die Ecke und bezeichnet die Mutter bei diesem Anblick als *faul.*
Leider ist es selten der Fall, dass die Mutter, ohne sich zu rechtfertigen, liegen bleibt.
Sie müsste, wissend um ihre geleistete Arbeit, die Courage – den Mut haben, ihre Pause unkommentiert zu genießen.
Dein eingeleiteter Richtungswechsel erfordert an einigen Stellen genau diese Unerschrockenheit, zu deinen Ansprüchen zu stehen.
Du brauchst eine Pause – nimm sie dir.
Hab die Courage, deinem eigenen Herzen, deinen Wünschen zu folgen.

Denke nicht darüber nach, ob deine Entscheidungen im
Sinne der anderen sind.
Genauso wenig solltest Du darüber nachdenken, ob die
Entscheidungen der anderen in deinem Sinne sind.
Damit kommst Du in dein Gleichgewicht.
Rechtfertigungen gehören der Vergangenheit an.
Stattdessen akzeptierst Du die Individualität jedes
Menschen.
Und Du wirst den Schneid haben, diese Akzeptanz auch
für dich zu beanspruchen und einzufordern.
Kein Gerangel mehr um Zuspruch und Anerkennung.
Sei dir stets deiner Leistung bewusst.
Du hast es verdient, auf deine eigenen Bedürfnisse
einzugehen.
Wann immer Du Zeit für dich brauchst,
habe die Courage und nimm sie dir.
Aus diesem Mut erwachsen neue Kräfte und
die nötige mentale Stärke,
dein eigenes Leben schön und wundervoll zu gestalten
und zu genießen.

PLATZ FÜR DEINE GEDANKEN –

Was erforderte viel Courage in deinem Richtungswechsel?

H wie Hoffe positiv

Über vieles im Leben denkt man gar nicht nach.
Mein Richtungswechsel jedoch führte mich in neue Dimensionen des Denkens.
Plötzlich macht man sich Gedanken und sieht sein ganzes Handeln in neuem Licht.
Würde es dich sehr überraschen, wenn ich dir sage, dass man falsch hoffen kann?

Ernst Bloch, ein deutscher Philosoph, sagte:
<<Es kommt darauf an,
das Hoffen zu lernen.>>

Wie oft am Tag hoffst Du?
Wir hoffen, dass es nicht regnet.
Wir hoffen, dass jemand nicht krank wird.
Wir hoffen, dass die Ampel jetzt nicht rot wird.

Wie formulierst Du deine Hoffnungen?

Falsch hoffen?
Das gibt's doch nicht.

Am besten erklärt es sich mit einem Beispiel.

Das Aussprechen von Hoffnung wird durch deine Wortwahl entweder positiv oder negativ belegt.

Sagst Du:
<<Ich hoffe, er wird nicht krank.>> (negativ)
Besser:
<<Ich hoffe, er bleibt gesund!>> (positiv)

Sagst Du:
<<Ich hoffe, er hat keinen Unfall.>> (negativ)
Besser:
<<Ich hoffe, er kommt gut an!>> (positiv)

Sagst Du:
<<Ich hoffe, morgen gibt es keinen Regen.>> (negativ)
Besser:
<<Ich hoffe, morgen scheint die Sonne!>> (positiv)

So unbedeutend die kleine Abänderung scheint,
so großen Einfluss hat sie doch auf das Empfinden.
Das letzte Wort in einem Satz hängt viel länger im
Gedächtnis fest und wirkt länger nach,
als wir glauben wollen.
Im Alltag begegnen uns unzählige Situationen,
in denen wir diese Auswirkungen testen können.

Anstatt dir den schlechteren Ausgang vorzustellen, führt diese neue Art der Formulierung in deinen Hoffnungen dazu, dass Du das gute Ende bereits vor Augen hast.
In deinem Kopf bleibt ein positives letztes Wort haften. Und auch, wenn sich nicht alle Hoffnungen erfüllen, erlebst Du eine Zeit, die dich auf Sonnenschein einstellt und dir damit ein schönes Gefühl zaubert.

PLATZ FÜR DEINE GEDANKEN –

Welche Hoffnungen konntest Du positiver ausdrücken?

Hilfe suchen und annehmen

Du hast bereits erkannt, dass Du etwas Unterstützung in deinem Vorhaben brauchst.
Mit meinem Buch kannst Du jederzeit auf wichtige Gedankenimpulse zugreifen.
Ich freue mich, dir diese Art der Hilfe geben zu können.
Wichtiger als mein Buch sind jedoch andere Menschen.
Im direkten Austausch mit ihnen nimmst Du wichtige Gedanken für dich mit.
Gibt es jemanden in deinem Umfeld, der dir zur Seite steht und dir mit den richtigen Worten den Weg weist?

C.B. ist ein Teil meines Berufslebens gewesen.
Wir begriffen erst später, welch glückliche Fügung uns zusammenbrachte.
Menschen, die mental auf ähnlichen Stufen stehen, erkennen sich, wenn sie miteinander ins Gespräch kommen.
So war es bei ihr.
Sie ist der Mensch, der mich in meinen Richtungswechsel führte.
Unzählige Gespräche in gegenseitigen Besuchen halfen mir, meinen Weg zu meinem positiven ICH zu finden.
Anfangs besuchte ich sie häufiger.
Mir fehlte die Fähigkeit, mich von selbst in die gewünschte positive Richtung zu lenken.

Nach und nach gelang es mir besser und ich gewann an Sicherheit.
Ich kann nicht genug betonen, dass ich unendlich dankbar für diesen Menschen bin.
Denn dadurch wandelte sich mein Leben.

Hast Du diesen Menschen in deinem Leben?
Dann nutze diese Möglichkeit für die Reise zu dir selbst.
Suche nach Gleichgesinnten.
In einer Gemeinschaft, wo alle dasselbe Ziel haben, ist auch dein Erfolg gesichert.
Hilfen einzufordern und anzunehmen, beweist Stärke.
Wegbegleiter zu haben, treibt dich nach vorn.
Der Nutzen für dein seelisches Gleichgewicht ist unübertroffen.
Scheue dich nicht, diese Menschen, die dir helfen, dein eigenes Gleichgewicht zu erlangen, zu nutzen.
Damit hast Du die Chance auf Glück, Ausgeglichenheit und damit auf ein längeres und glücklicheres Leben.
Denn ein glückliches Herz schlägt länger.

PLATZ FÜR DEINE GEDANKEN –

Wer ist deine helfende Hand und wie sieht die Unterstützung aus?

S wie Stolz

Du bist bereits seit einiger Zeit auf deinem neuen Weg.
Inzwischen hast Du allen Grund, stolz auf dich zu sein.
Denn niemand anderes, als DU, hat den
Richtungswechsel deines Lebens bewirkt.
Hermann Kesten schrieb:
<<Stolz ist das Selbstgefühl,
ist Vergnügen an der eigenen Identität.>>
Du kannst mit Stolz sagen, dass Du mit deinem
Richtungswechsel viel näher an dir selbst bist.
Du bist dir bewusster, wer Du bist.
Du bist klar und geordnet in deiner Kommunikation und
deinem Handeln.
Ich bin sicher, dass sich auch körperlich positive
Veränderungen ergeben haben.
Vielleicht brauchtest Du länger keine Schmerzmittel
gegen Kopf- und Rückenschmerzen.
Vielleicht wurde es dir erst jetzt in diesem Moment
bewusst.
Die Veränderungen in deinem Inneren haben auch im
Äußeren Auswirkungen.
Deine Augen strahlen.
Dir ist aufgefallen, dass dich Fremde nun anders
wahrnehmen und dir zulächeln.

Denn auch Du lächelst.
Schon morgens erwachst Du mit den Worten:
<<Ich liebe mein neues Leben.>>
Voller Tatendrang gehst Du in jeden neuen Tag.
Abends sind deine letzten Worte:
<<Was für ein toller Tag.>>
Das hast Du dir verdient.
Der Weg bis hierher war nicht leicht.
Und er ist noch nicht zu Ende.
Doch nun bist Du stark genug, dich den Herausforderungen zu stellen.
Und eine nach der anderen, überwindest Du jede Hürde mit Leichtigkeit.
Du hast jeden Grund stolz zu sein.

Etwas anzusprechen, das man gut gemacht hat, stärkt das Selbstwertgefühl.
Es von anderen zu hören, macht deinen Tag direkt um einiges schöner.
Du richtest dich auf.
Das gute Gefühl begleitet dich von nun an und lässt sogar unschöne Situationen in Rauch aufgehen.
Wie eine Schutzschicht legen sich Worte der Anerkennung über dich.

Das warme Gefühl, das Anerkennung mit sich bringt, kannst Du in deinem Alltag auch anderen Menschen deiner Umgebung vermitteln.
Die Arzthelferin freut sich über nette Worte, wenn sie heute gleich die richtige Stelle für die Blutentnahme getroffen hat.
Die Bedienung im Restaurant freut sich über nette Worte, wenn Du dich rundum wohl gefühlt hast, während ihrer Betreuung.
Nettigkeiten auszutauschen macht nicht nur den Menschen glücklich, der sie gesagt bekommt.

Erforsche dich selbst, wie das Aussprechen von Anerkennung dein eigenes Glücksgefühl steigert.
Sei großzügig mit Lob!
Sei sparsam mit Kritik.

PLATZ FÜR DEINE GEDANKEN –

Schreibe hier auf, worauf Du am meisten stolz bist.

E wie Erinnere dich positiv

Jeder von uns hat sicher schon die Erfahrung gemacht,
dass ein kleines Wort,
eine unscheinbare Handlung zu einem Streit eskalierte.
Tage, Wochen, vielleicht sogar monatelang schweigen beide Parteien.
Unermüdlich arbeitet der Kopf diese Situation immer wieder auf.
<<Was habe ich gesagt?
Was hat er gesagt?>>
Ab und zu wagt es ein kleiner Funke Hoffnung, aus der eigenen Verbitterung aufzuschauen.
Doch die Flammen der Enttäuschung verschlingen jedes Gefühl einer Versöhnung.
Und dann sind sie wieder da.
Nun weißt Du wieder ganz genau, wie Du dich in diesem Moment gefühlt hast.
<<Nein, das kann ich nicht vergessen.>>
Und so vergeht die Zeit, ohne die Chance auf Beilegung des Streits.
Manchmal ist keinem mehr bewusst, worum man eigentlich stritt.
Beharrlich wird aber an dem Erlebten festgehalten.

Marcel Proust, ein Schriftsteller und Sozialkritiker
des 19. Jahrhunderts schrieb:
<<Gemeinsame Erinnerungen
sind manchmal die besten Friedensstifter.>>
Verweilen wir für einen Moment in diesen Worten.

…

…

…

Gibt es im Moment jemanden, mit dem Du im Streit
schon einige Zeit kein Wort mehr gewechselt hast?
Nein?
Das ist toll.

Ja?
Der bloße Gedanke an ihn, bringt dein Blut zum
Kochen?
Ohne Zweifel sind alle schlechten Gefühle in diesem
Moment zu einhundert Prozent präsent.
Allein schon in dieser Auswirkung auf deine Gefühlslage
zum jetzigen Zeitpunkt, steckt die Begründung,
warum Du in dieser Sache aktiv werden musst.

Um der Aussöhnung eine Chance zu geben,
machen wir nun Folgendes.
Denk an diese Person, jedoch nicht an den Grund für den Streit mit ihr.
Gibt es Bilder aus glücklicher Vergangenheit?
Nimm sie zur Hand.
Und nun denk an die schönen Zeiten mit diesem Menschen.
Hat diese Person in der Vergangenheit mal irgendetwas getan, wofür Du ihr ewig dankbar sein wolltest?
Nun denk voraus in die Zukunft.
Stell dir vor, die Versöhnung gelingt nicht und bis zu deinem Lebensende – oder seinem – gehört dieser Mensch nicht mehr zu deinem Leben.
Kannst Du damit leben?
Ist es dir egal?
Ist die Antwort JA, dann ist für diesen Menschen kein Platz mehr in deinem Leben.
Dann solltest Du einen Schlussstrich ziehen.
Beschäftigt dich der Ausgang des Gespräches, was zum Bruch führte, jedoch sehr, dann solltest Du deine Gedanken aufschreiben.
Aber anders als gedacht, schickst Du diese Zeilen nicht dieser Person.
Du verbrennst sie.

Hier geht es mehr darum, deinen Frieden mit dieser Situation zu machen und diesen Streit für dich zu beenden.
Nur dann kannst Du frei sein.
Trenne dich von diesem Menschen und lass ihn gehen.
Du wirst spüren, wie die Last von deinen Schultern fällt und dein Magen sich entkrampft.
Dann atme tief durch und schau nach vorn.

Kannst Du dich mit den Vorstellungen allerdings nicht abfinden, dann musst Du handeln.
Besonders in Familien ist diese Art von Zerwürfnis häufig zu beobachten.
Das liegt daran, dass jede Kränkung, scheint sie auch noch so nebensächlich, tiefere Wunden im Herzen des anderen hinterlässt.
Es verwundert, dass ein Streit unter Freunden selten zu einer dauerhaften Störung führt.
Die Distanz, die trotz enger Freundschaft besteht und nicht der Bindung in einer Familie gleicht, hilft uns bei Freunden, die andere Meinung anzunehmen.
Warum fällt es so schwer, seiner Familie zu verzeihen?
Das Band sollte doch viel stärker sein, als dass ein Streit zu einer ewigen Trennung führen könnte?
Ich denke, dass wir im Inneren wissen, dass dieses Band immer da ist.

Wir verlassen uns darauf, dass die Zeit diese Wunde von selbst schließen wird.
Das ist ein Trugschluss.
Wie bei gleichpoligen Magneten wird es zu keiner Annäherung mehr kommen, wenn sich nicht einer auf die Umkehr besinnt.
In einer Familie aufzuwachsen, staut mitunter viel Wut und Neid an.
Unter Geschwistern lassen sich Konflikte selten vermeiden.
Es gibt immer den Bruder oder die Schwester, die in den Augen der anderen Geschwister bevorzugt behandelt wird.
Manchmal versteht man die Ungerechtigkeit nicht, dass der andere immer mehr Glück und Erfolg zu haben scheint, ohne etwas dafür zu tun.
Doch anstatt bei sich zu suchen, warum man selbst nicht in der Lage ist, bringt man den Frust dem Erfolgreichen entgegen.
Die kleinen Spitzen sammeln sich im Laufe der Zeit an und brechen nach vielen Jahren, nach einem unbedeutenden Auslöser, hervor und reißen alles mit, was seit Langem in uns brodelte.
Einer Kanone gleich, die auf Spatzen feuert, vergessen wir all das Gute und schießen unsere Geschosse ab.
Die Emotionen kochen über.

So kommt es, dass sich alles Negative auf einmal entleert – siehe Kapitel *G wie Gefühle.*
Worte, die tief verletzen und schwere Schäden hinterlassen, werden ausgesprochen.
Und auch, wenn das Familienband sehr stark ist, sind es genau diese Verbindungen, die am meisten durch verletzende Worte gestört werden können.

Da wir nun eine Wandlung in uns vollziehen, gehen wir nun anders vor.

Da es selten passiert, dass beide gleichzeitig aufeinander zugehen, muss einer der Erste sein.
Du hast bereits verinnerlicht, dass Du aktiv werden musst, wenn Du eine Veränderung willst.
Dann wirst Du ab sofort der ERSTE sein.
Nun kommt es darauf an, die Versöhnung klug herbeizuführen.
Vermeiden solltest Du unbedingt, den Streit aufarbeiten zu wollen.
Wenn das möglich gewesen wäre, hätte es die lange Funkstille nicht gegeben.
Die Seite, die als erstes den Schritt wagt, braucht ein Hilfsmittel, um das Eis zu brechen.
Suche einen Anlass.
Schiebe alle Ängste und Zweifel beiseite und handle.

Sprich aus, was Du willst.
<<Ich möchte nicht mehr mit dir streiten.>>
Ob am Telefon oder persönlich, diese Worte lassen eine Mauer schneller fallen, als man glaubt.
Kommt von der anderen Seite die positive Antwort:
<<Ich auch nicht.>>,
darf keiner von beiden beginnen, sich zu erklären.

Eine Situation, die zum Streit führte, zeugt von zwei sehr unterschiedlichen Ansichten, die durch Erlebnisse und Gefühle bereichert, nicht zu einer Meinung führen kann.
Beide müssen akzeptieren, dass sich dabei kein gemeinsamer Nenner finden lässt.
Was viel wichtiger ist, als dieselbe Meinung, ist der Zusammenhalt und die Liebe, die man nur in einer Familie finden kann.
Auch, wenn Du ganz enge und liebe Freunde hast und meinst, dass sie immer für dich da sein werden, kommt der Moment, an dem nur deine Familie dir zur Seite steht.
Das ist einfach der natürliche Lauf der Dinge.
Es gibt mit Freunden ganz enge Zeiten und dann kommen lockere Zeiten.
Die Lebenswege führen manchmal weit auseinander.
Die Wurzeln einer Familie bleiben immer bestehen.

Das bedeutet jedoch nicht,
dass es manchmal auch in Familien zu irreparablen Schäden kommt.
Ist der Bruch zu groß, ist es zum Schutz der eigenen Seele richtig, sich zu trennen und sein Leben ohne diesen Menschen, auch wenn er zur Familie gehört, zu leben.

Das Zusammenleben mit Menschen verlangt uns viel ab. Die Fähigkeit, sich die positiven Dinge eines Menschen immer vor Augen zu halten, sorgt dafür, dass kleinere Störungen schnell behoben werden können.
Ist die Verletzung durch diese Person jedoch zu groß, hast Du die Pflicht, dich selbst zu schützen.
Die eigene seelische Gesundheit steht immer im Vordergrund.
Es spielt also keine Rolle, ob der Mensch, der dir nicht gut tut, zur Familie gehört oder nur ein Freund war.
Leidest Du unter ihm, ist die Verabschiedung von ihm und dessen Streichung aus deinem Leben notwendig.

Platz für Deine Gedanken –

Gibt es einen Menschen, den Du zurückholen willst oder gehen lassen musst? Warum?

L wie

Lebe, als wäre jeder Tag der ERSTE

Dein erster Gedanke nach dieser Kapitel-Überschrift ist ganz sicher…
…das heißt doch:
<<… als wäre es der Letzte…>>

Ja, so heißt es wohl.
Mir missfällt der Gedanke, es könnte mein letzter Tag sein.
Er raubt mir die Freude.
Er lähmt mich bis ins Mark.
Der Gedanke, jeder Tag wäre mein Erster, passt viel besser in unsere neue Ausrichtung.
So, wie jeder Geburtstag, jeder neue Jahresbeginn die Freude über eine neue Chance weckt, beflügelt mich die Vorstellung, der Tag, den ich gerade beginne, wäre mein Erster.
Jeder neue Tag präsentiert sich wie ein weißes Blatt.
Mit jedem neuen Tag hast Du die Chance, neue Zeichnungen des Lebens aufzutragen.
Du wirst täglich besser.
Dein Schwung wird phänomenal.

Schnell sind graue Momente
Erinnerungen in den buntesten Farben gewichen.

Georg Simmel, ein deutscher Philosoph und Soziologe schrieb:
<<Wesentliche Lebensaufgabe:
das Leben jeden Tag von neuem zu beginnen,
als wäre dieser Tag der erste -
und doch alle Vergangenheit, mit all ihren Resultaten
und unvergessenen Gewesenheiten,
darin zu sammeln und zur Voraussetzung zu haben.>>

Erkennst Du den Wert dieser Worte?
Nimm die Vergangenheit als lehrendes Material mit in den neuen Tag – aber begrüße jeden Tag, aufs Neue, für sich.
Begegne jedem neuen Tag mit
Neugier,
Spaß,
Freude,
Spannung…
…und erlebe jeden Moment in seiner reinen Unschuld.
Lass die Macht des Neuen auf dich wirken.

Also habe Mut.
Begegne jedem Menschen voller Vertrauen,
als hätte es noch niemand missbraucht.
Freue dich über jeden Regenbogen,
als hättest Du noch nie einen gesehen.
Atme die frische Luft am Morgen,
als hättest Du noch nie bessere Luft geatmet.
Liebe, als hättest Du noch nie Liebeskummer verspürt.
Aber,
verabschiede dich von einem geliebten Menschen,
als gäbe es kein Morgen.
So beängstigend diese Tatsache auch ist, müssen wir uns dessen stets bewusst sein:
Ob es ein Morgen gibt, weiß keiner.

Verschiebe nichts, was Du heute machen möchtest.
Warte nicht auf den *richtigen Moment!*
Denn, ist ein Moment verflogen, kommt vielleicht keine zweite Chance.
Es geht um die richtige Balance zwischen dem ERSTER und LETZTER Tag-Gefühl.

Sei aufmerksam für deine Umwelt und fühle dich täglich als wertvoller Teil davon.
Die Welt wäre ohne dich nicht dieselbe.

Der Mond steht strahlend hell am Himmel.
Der Jupiter steht dicht neben ihm.
Ein Flugzeug fliegt, angestrahlt vom Mond, an beiden vorbei und steht in einer Reihe mit den beiden Himmelskörpern.
Das Schwarz der Nacht kann das Strahlen des Mondes nicht stören.
Du kannst nicht anders. Du stehst am Fenster und schaust auf diese Konstellation.
Und es ist ein Wunder für dich.
Freu dich über diesen Moment, den Du so in dieser Art sicher kein zweites Mal zu sehen bekommst.

Am Morgen ist die Stadt noch still.
Jeder Atemzug saugt die saubere Luft des Morgens tief in deine Lungen.
Der Wind weht leicht und streichelt dein Gesicht.
Ein paar Haarsträhnen flattern wild umher.
Aber das kümmert dich nicht.
Die Rufe der Raben lockt deinen Blick in den Himmel.
Gerade in diesem Moment wird dir die Schönheit des Lebens bewusst.
Halte deine Nase in den Wind.
Öffne die Augen für jedes kleine Wunder dieser Welt.
Spüre die Reinheit.
Spüre, wie das Leben dich umarmt und sei glücklich.

Nutze die positive Energie jeder dieser wertvollen Momente.

Jeder neue Tag ist voller Entdeckungen und neuen Chancen.

Unbelastet gehst Du in jeden neuen Tag.

Bleib neugierig auf alles, was der neue Tag dir bieten wird.

Platz für Deine Gedanken –
Schreibe hier diesen ersten Tag auf, den Du mit deiner neuen Leichtigkeit zu einhundert Prozent positiv empfunden hast?

Nachwort

<<WIR HABEN ZWEI LEBEN.
DAS ZWEITE BEGINNT DANN,
WENN DU MERKST,
DASS DU NUR EINES HAST!>>

...sagte Cécilia Graf, eine Schweizer Mentorin und Bestseller-Autorin.

Dein zweites Leben hat mit dem Kauf meines Buches begonnen.
In sechzehn Kapiteln hast Du wertvolle Anregungen bekommen, wie Du, durch kleine Veränderungen deiner Gedanken, dein Leben leichter und unbeschwerter gestalten kannst.
Ich bin ganz sicher, dass Du deine Tage schon jetzt positiver und strahlender erlebst.
Du hast zum richtigen Zeitpunkt meine ausgestreckte Hand ergriffen und mit Hilfe meines Buches dafür gesorgt, dass Du dir selbst helfen konntest.

Und deswegen ist aus:
<<**Wenn** ich mir Hilfe hole, kann ich mein Leben ändern…>>
ein
<<**Weil** ich mir Hilfe geholt habe, konnte ich mein Leben ändern…>>
geworden.

Durch das Festhalten deiner eigenen Gedanken auf das Gelesene am Ende jedes Kapitels, hast Du in Kürze deinen eigenen Leitfaden erstellt.
Der Anfang ist geschafft.
Nun steckst Du mittendrin.
Manches konntest Du einfach umsetzen.
Anderes fällt schwerer und muss immer wieder neu versucht werden.
Manchmal überrollt auch mich das Leben.
Dann muss ich selbst meine eigenen Zeilen lesen, um nicht den Mut und die Kraft zu verlieren.
Und laufen auch mal Tränen über das Gesicht, sieht ein paar Atemzüge später die Welt schon wieder freundlicher aus.
Also verzage nicht, wenn immer mal wieder dunkle Momente in deinem Leben auftauchen.

Du hast einen Prozess in Gang gesetzt, den Du nicht
mehr aufhalten kannst.
Sein Leben in die Hand zu nehmen, sich ständig zu
hinterfragen, das eigene Denken und Handeln zu
analysieren, ist nichts anderes, als zu philosophieren.
Du erkennst neue Zusammenhänge und kannst dadurch
dein Leben aktiv und bewusster gestalten.
Dein Reichtum an neuen Gedankengängen
beschenkt dich mit der Leichtigkeit, die Du gesucht hast.
Und ist auch nicht immer alles eitel Sonnenschein,
so kannst Du mit wenigen Anpassungen in
deine neue Leichtigkeit zurückkehren.
Das Ziel ist nicht das Ankommen,
sondern bei dir ankommen ist das Ziel.
Jeder Tag, an dem Du das, in wenigstens einer Situation,
geschafft hast, ist ein Gewinn.
Es werden weitere Erfolge hinzukommen.
Du hast nun alles in der Hand,
um DEIN Leben so zu erleben, wie Du es dir wünschst.

Ich hoffe, dass mein Buch dir die richtige Unterstützung gegeben hat.
Ich würde mich freuen, wenn Du mir ein paar Zeilen zukommen lässt.
Schreib mir, was sich in deinem Leben positiv verändert hat.
Ich freue mich darauf und beantworte auch gern Fragen, die Du mir jederzeit stellen kannst.

Fühl dich umarmt…

♡

Marion Estermann